U0522164

破局

LEADING THROUGH INFLATION
AND RECESSION AND STAGFLATION

企业如何应对通胀、衰退与滞胀，
实现持续增长

[美] 拉姆·查兰（Ram Charan）[美] 格里·韦利根（Geri Willigan） 著
杨懿梅 李元 译

中信出版集团 | 北京

图书在版编目（CIP）数据

破局：企业如何应对通胀、衰退与滞胀，实现持续增长/（美）拉姆·查兰,（美）格里·韦利根著；杨懿梅，李元译. -- 北京：中信出版社，2023.7（2024.7重印）
书名原文：Leading Through Inflation: And Recession and Stagflation
ISBN 978-7-5217-5500-8

Ⅰ.①破… Ⅱ.①拉… ②格… ③杨… ④李… Ⅲ.①通货膨胀－研究 Ⅳ.① F820.5

中国国家版本馆 CIP 数据核字 (2023) 第 062410 号

Leading Through Inflation: And Recession and Stagflation by Ram Charan, Geri Willigan
Copyright © 2022 by Ram Charan. All rights reserved.
Simplified Chinese translation copyright © 2023 by CITIC Press Corporation
ALL RIGHTS RESERVED
本书仅限中国大陆地区发行销售

破局：企业如何应对通胀、衰退与滞胀，实现持续增长
著者：　　　［美］拉姆·查兰　［美］格里·韦利根
译者：　　　杨懿梅　李元
出版发行：中信出版集团股份有限公司
（北京市朝阳区东三环北路 27 号嘉铭中心　邮编　100020）
承印者：　　北京通州皇家印刷厂

开本：880mm×1230mm　1/32　　印张：5.25　　字数：88 千字
版次：2023 年 7 月第 1 版　　　　印次：2024 年 7 月第 2 次印刷
京权图字：01-2023-2063　　　　　书号：ISBN 978-7-5217-5500-8
定价：58.00 元

版权所有·侵权必究
如有印刷、装订问题，本公司负责调换。
服务热线：400-600-8099
投稿邮箱：author@citicpub.com

目 录

译者序 / *001*
前　言 / *007*

第一章　**升级认知，主动出击** / 001
　　　　八大法则，深化理解 / 006
　　　　危中有机，制胜未来 / 011
　　　　全体动员，穿越通胀 / 014
　　　　果断决策，快速行动 / 017

第二章　**启动战备，抢占先机** / 019
　　　　成立"作战室"，机制化穿越通胀 / 024
　　　　形成数据看板，追踪预警信号 / 028
　　　　预判发展趋势，力求未雨绸缪 / 031
　　　　速度至关重要，力争先发制人 / 034

关注宏观走势，评估衰退可能性 / 037

提前准备预案，未来或许更难 / 039

第三章　管好现金，事关生死 / 043

通胀加剧负债压力，确保资金链安全 / 047

狠抓应收与库存，谨防流动资金风险 / 049

严格重置优先级，谨慎使用现金 / 054

第四章　调整定价，行动要快 / 059

定价方法，结构化拆解 / 064

定价调整，紧迫性提升 / 068

频率幅度，持续性调控 / 071

调价手段，系统性丰富 / 074

客群细分，差异化定价 / 077

销售减负，策略性聚焦 / 080

第五章　积极降本，支撑发展 / 083

既要又要，倒逼变革创新 / 087

跳出企业，着眼赋能上下游 / 089

面向全球，探索区域新布局 / 091

调整岗位，推动协同新机制 / 092

第六章　刷新模式，顺应变化 / 095

业务模式刷新，要有大局观 / 099

思考模式刷新，先从五个维度入手 / 101

再思考创新，这是必须的 / 105

再思考数字化，这也是必须的 / 107

实战案例：TVS 公司如何刷新业务模式 / 110

第七章 穿越通胀，人人有责 / 115

企业领导人 / 118

财　务 / 123

销售和营销 / 126

运　营 / 128

采购及供应链 / 131

IT 及数字化 / 133

研　发 / 136

公关及投资者关系 / 138

人　力 / 141

董事会 / 145

结　语 / 151

致　谢 / 153

译者序

逆势破局，制胜未来

杨懿梅

不少中国企业和企业家，伴随改革开放，应运而生；伴随中国加入世界贸易组织（WTO），快速起飞。凭借时代大势，尽享发展红利，习惯了高速增长，习惯了规模为王。

然而，时至今日，熟悉的一切似乎都变了。各种红利退潮，规模光环不再。曾经风光无限、年收入数千亿元的房地产头部企业，竟轰然倒下。

面对如此变局，人们难免焦虑不安。就像有位当时正在经历至暗时刻的企业高管，曾在某个周日的深夜慨叹道："杨老师，现在这种情况，咱真没见过啊！"

好多事，真的是"活久见"。**所幸的是，我们有查兰。**出生于 1939 年的他，就是这样一位穿越过周期、见证过历史、经历过跌宕起伏的管理大师。

具体到穿越通胀，查兰亲历过巴西的恶性通胀，帮助过当年刚 40 岁出头、掌舵通用电气（GE）不久的杰克·韦尔奇。这本书就是大师服务全球企业家 50 多年经验与智慧的结晶。

从全球来看，突如其来的高通胀，以及随之扑面而来的诸多挑战，比如各种成本不断上涨、资源供应持续短缺、定价调整举步维艰且经常滞后于成本等，让许多在高增长、低利率、整体经济持续向好的大环境中成长起来的企业领导人有些措手不及，不知如何应对。这是人之常情。

记得此前就通胀议题与大师一起跟中国企业家交流时，查兰谈道，面对通胀及可能的衰退与滞胀，除了陷入焦虑、不知所措，大家最容易犯的两大错误：**一是行动迟缓，二是手段单一。**

深想一步，为什么行动迟缓，为什么手段单一？很可能一是认知不够深，即对通胀影响的广泛性、严重性及紧迫性缺乏深刻理解；二是反应不够快，即对通胀的预警信号缺乏洞察机制；三是视野不够宽，即对穿越通胀缺乏应对策略。

查兰撰写这本书的初衷，就是想针对上述问题，帮助大家深刻洞察通胀的规律，整体把握通胀对企业经营方方面面的影响，应对通胀、衰退与滞胀，系统性地做好各项部署，全体动员，制胜未来。

这本书秉承了查兰直截了当、简洁务实的一贯风格。不仅有方向、有理论，而且有方法、有案例。

第一章，聚焦认知提升：开宗明义地提出了关于通胀的八大法则，并提醒大家改变思路、看到危中有机，要果断决策、快速行动，要未雨绸缪、主动出击。

第二章，聚焦启动战备：从理念到方法，阐述了如何通过成立"作战室"、形成数据看板、追踪预警信号、预判发展趋势、提前做好预案等方法，力争做到穿越通胀，抢占先机。

第三章，聚焦现金管理：针对通胀加剧负债压力、消耗流动资金、改变既定投资计划三大影响，阐述了如何通过优化负债，狠抓应收与库存，严格重置优先级，真正确保资金链安全。现金管理，的确事关生死。

第四章，聚焦定价调整：在结构化拆解定价方法的基础上，提出了定价调整，紧迫性提升；频率幅度，持续性调控；调价手段，系统性丰富；客群细分，差异化定价；销售减负，策略性聚焦等实战方法。

第五章，聚焦积极降本：在降本增效常见举措的基础上，提出了格局更大、视野更开阔地跳出企业着眼赋能上下游、面向全球探索区域新布局、调整岗位推动协同新机制等实战方法。

第六章，聚焦模式刷新：必要时，要敢于与时俱进，顺势而变；要敢于从客群细分、产品组合、生态构建、区域拓展、业务布局、创新及数字化等多个维度，系统性地调整、刷新乃至重构业务模式，为制胜未来积累更强的实力与势能。

第七章，聚焦全体动员：针对企业领导人，财务，销售和营销，运营，采购及供应链，信息技术（IT）及数字化，研发，公关及投资者关系，人力，董事会10个关键环节，逐一阐述了各自在穿越通胀及可能的衰退与滞胀中的重要职责及重点工作。穿越通胀，人人有责。

真正的勇士，敢于直面惨淡的人生；真正的领导人，敢于迎难而上。

希望这本书能帮你以更大的格局思考艰难形势下的破

局之道，以更强的信心面对关键时刻的重大抉择，以更强大的实力坚持到大势转好，再展宏图。

这本书的翻译出版是大家通力合作的成果。感谢查兰对我的信任，让我有难得的机缘与他深入合作，帮助中国企业及企业家发展成长，并与中国广大读者分享他的经验与智慧。感谢《哈佛商业评论》中文版赵阁宁女士的牵线搭桥，感谢中信出版社编辑的鼎力支持，感谢李元先生在百忙之中抽出时间合作翻译，感谢陈露露、周方立和秦若玉的通力协助。没有大家，就没有这本书。

新时代，新挑战。愿这本书能帮你逆势破局，助你制胜未来。

前 言

刻不容缓

2022年上半年,关于高通胀、低增长、衰退风险高企的各种讨论不绝于耳。这与过去40年形成了鲜明反差,真可谓时世艰难,人心惶惶。正是在这样的大环境下,我萌生了撰写本书的想法。

他们让我想起了40年前的杰克·韦尔奇。那是20世纪80年代初,他刚履新通用电气首席执行官(CEO)不久,正面临着高通胀的考验。他请我专门开了一门课,帮助高管深刻理解通胀规律,深入探讨应对之策。这门课叫作"应对通胀"(COIN①)。高管在课上充分认识到通胀对企业经营方方面面的深远影响，对通胀树立了正确的认知，并探讨了有效的对策；课后，他们学以致用，在各自的岗位上发挥了积极的作用，帮助通用电气平稳地渡过了难关。

基于这样的经验，我和格里·韦利根在撰写本书时，也秉承了同样的"务实精神"。面对高通胀，该做什么，怎么做，选择什么时机做，怎样才能做好预判、未雨绸缪等实操问题，就是本书的重点。书中建议的实用方法，也都经过实战考验。无论读者的具体职责分工如何，都将从中受益。

高通胀时代，每分每秒的耽搁，都会导致真金白银的损失。希望本书能帮你加速升级认知，快速行动起来。

---

① COIN，即 COping with INflation（应对通胀）的英文字母缩写。也是谐音梗，与英文单词"硬币"发音相同。——译者注

第一章

升级认知，主动出击

世事难料，几乎转瞬之间，全球就进入了高通胀时代①。与之相伴的是经济增长的持续乏力，以及衰退风险的持续走高。

不少企业领导人是在高增长、低利率、整体经济持续向好的大环境中成长起来的，没经历过低增长、高通胀的艰难时世。当突然之间，高通胀时代的诸多挑战，比如各种成本不断上涨、资源供应持续短缺、定价调整举步维艰且经常滞后于成本等一股脑儿地扑面而来时，企业家难免会感到有些猝不及防。

然而，不管有没有经历过、有没有经验，企业领导人

---

① 以2022年6月为例，美国CPI（消费价格指数）同比上涨9.1%，英国CPI同比上涨9.4%，双双再创40年来新高；欧元区CPI同比上涨8.6%，再创历史新高。——译者注

都必须挺身而出，带领企业渡过难关。一味地被动等待，等着央行或政府出手化解通胀，恐怕是坐以待毙，即便宏观环境终有改变，对于企业估计也为时已晚。

作为企业领导人，你必须深刻理解通胀的规律、通胀对企业经营方方面面的深远影响，以及如何做好全体动员，组织好应对通胀的关键之战。

在困难与挑战面前，不妨拓宽视野，多向那些能够直面现实、主动出击的企业和企业家学习，看看他们是怎么在利润下降、销量波动、现金流紧张的困局之中，做好组织动员，找到破局之道的；看看他们是怎么做到前瞻预判，未雨绸缪地调价，有的甚至做到了高达 20% 的价格上涨的。比如，全球知名品牌香奈儿早在 2021 年就先后 3 次提高了旗下部分奢侈品的价格。

与此同时，你还要改变思路，要看到危中有机。外部环境的剧烈变化，也可以成为重塑业务、布局未来的历史机遇。无论多难，艰难时刻终将过去，三四年之后也许就能雨过天晴。到那时，企业要想以更强健的核心能力，抓住经济复苏的先机，就需要从现在开始打好基础，做好准备。

这些优秀企业不仅在积极应对当下的高通胀挑战，还在更加积极地布局未来，比如业务模式、客群选择、定价策略及激励机制等都是值得重新思考、重塑优化的关键。

本书将为你解析通胀的规律，剖析通胀的危害以及企业的应对之策。我们的核心目的是帮你改变思路、升级认知、借鉴其他企业的经验教训、掌控简单实用的工具方法，从而帮你做到以更宽的视野把握通胀的深远影响，以更大的格局思考通胀的破局之道，以更强的信心面对关键时刻的重大抉择，以更从容的心态应对可能伴随而来的经济衰退。通胀率居高不下，加上经济停滞不前，对企业无疑是雪上加霜。

八大法则，深化理解

作为企业领导人，相信你不需要复杂的数据和图表，就能强烈感受到通胀带来的成本上涨。然而光有这样的体感还不够，你还需要深刻理解通胀对企业经营方方面面及其对行业乃至对整体经济的深远影响。

以下是关于通胀的八大法则。希望这八大法则能够帮助你做到前瞻预判，帮助你做好未雨绸缪。要知道，很多人都是在事已至此的时候才幡然醒悟，遗憾的是，通常为时已晚。

法则1：通胀消耗更多资金

通胀造成成本上涨，企业生产同样数量的产品，需要投入更多的资金。从资金链管理的角度来看，无论是在售出前以存货的形式存在，还是在售出后以应收账款的形式存在，都意味着占用更多现金流。而且在高通胀的大环境下，业务规模越扩张，对现金流的消耗就越大。

法则2：通胀压力很难完全转嫁给下游

通常，通胀带来的成本压力会沿着行业价值链的各个环节逐级向下传导，沿途也会改变各家企业的盈利水平和博弈能力。然而，通胀压力很难完全转嫁给下游，毕竟终端消费者的承受能力是有限的，一旦超出承受范围，消费者就会"用脚投票"，造成市场整体的需求下降，这会带来更大的行业性问题。

法则3：宏观通胀指标对具体企业的指导意义甚微

衡量通胀的常用指标是大家非常熟悉的CPI。然而，CPI衡量的是宏观经济的整体情况，并不能准确反映通胀对具体行业、具体企业的影响。要想真正了解通胀对自身的影响，就必须从业务及供应链的实际情况出发，具体情况具体分析。

法则4：通胀有如滚雪球，其影响是持续叠加的

不少人看通胀是以静态视角，即只看当年的通胀率。从这个角度看，CPI高几个百分点似乎不是什么大事。然而，从发展的角度看，通胀有如滚雪球，其影响是持续叠加的。假定第一年，通胀率是7%；第二年，同样的通胀率意味着相较原来有14.5%的上涨；第三年，同样的通胀率意味着相较原来有22.5%的上涨。这样的涨幅持续几年，必然会让有些企业不堪重负。

法则5：通胀会造成心理波动，心理波动又会推波助澜

持续的通胀趋势会造成心理波动。人们越害怕涨价，就越倾向囤货；越囤货，供需就越会失衡；供需缺口越大，价格就越会飞涨；价格越飞涨，人们就越会囤更多的货……这样的推波助澜与持续放大，有可能会酿成更大范围的恶性通胀。

法则6：通胀改变投入产出，需要重新审视既定的投资规划

通胀对企业投资规划会产生重大影响。此前的投入假设及产出预测，很可能因为通胀而产生显著偏差。企业必须根据通胀影响，调整相关假设及预测，重新审视此前做出的投资决策。既定的投资规划很可能因此被推翻，对此要有心理准备。

法则7：应对通胀，不能以牺牲客户信任为代价

面对通胀带来的巨大成本压力，千万不能病急乱投医，尤其不能为保短期盈利而牺牲长期构建的客户信任。要知道，一旦破坏品牌形象、失去客户信任，再想重新修复，意图东山再起，可能会比登天还难。

法则8：通胀必将重塑行业竞争格局

通胀既是挑战也是机会，必将重塑行业竞争格局。那些被动等待、坐以待毙的企业，很可能会受到重创，甚至

会被淘汰；那些既能做好短期应对，又能布局未来，为长期发展夯实基础的企业，很可能会脱颖而出，成为未来的赢家。

依据这些法则，你会发现不少企业领导人在应对通胀方面，行动过于迟缓，手段过于单一。一味地削减成本只是权宜之计，企业也许能扛过一年，但高通胀一旦持续几年，发展成为更凶险的恶性通胀、经济衰退及长期滞胀，企业则势必会难以为继。

危中有机，制胜未来

正被通胀搞得焦头烂额的企业领导人，也许现在很难有心情认真思考八大法则，真正做到改变思路，看到危中有机。然而，无论有没有心情，法则就在那里。那些能在应对之余，夯实基础、布局未来的企业必将脱颖而出。这是为什么呢？

当前压力会倒逼企业加速调整

由于过去几乎是零利率、零资本成本，因此企业能承受很多低效及浪费问题；但高通胀的成本压力会倒逼企业以更大力度挤出泡沫，向内挖潜。这意味着企业必须在业务方面更加聚焦，在客群方面更好地取舍，在成本方面更主动地通过自动化等技术创新，在为客户提供更好服务的同时，做到更有成效地降本增效。

这或许会造成短期业务规模的收缩，企业会砍掉一些不再有前景的投资项目，但企业整体的经营状况会更加健康，还能把节省出来的宝贵现金流投入新产品的创新和新领域的开拓。

面向未来，企业要做好准备

放眼未来，高通胀时代必将过去，后通胀时代必将不同于现在。从宏观经济到行业格局，再到业务模式，都可能日新月异；新玩家、新技术，也都会层出不穷。那时的企业，将如何迎战？你会不会具备更强的实力，能不能赢得更大的成功？

其实，每次变化都是机会。就像近年来各界对ESG[①]高度重视，在这个方面表现优异的企业有机会脱颖而出，当前的高通胀也会是一个时代的分水岭。那些无法应对通胀挑战、不能未雨绸缪地应对叠加效应的企业，难免日薄

---

① ESG 是 Environmental, Social and Governance 的首字母缩写，意思是环境、社会和治理，指的是在企业评价时，除了传统标准，还要加入这三个维度，综合评价企业经营的可持续性和对环境、社会的综合影响。——译者注

西山；而那些能够驾驭通胀、看到危中有机的企业，也许就能把握机会，趁机获取关键人才、技术及专利，继而主导推动行业整合。

谁能成为最终的赢家，关键在于认知和心智。一定要主动出击。认真对待，快速行动，激发动员整个组织跟你一起加速调整。

全体动员，穿越通胀

企业对通胀的第一感知，通常始于原材料价格的上涨。也许你的企业也是这样。因此，应对方式通常也会"直截了当"——既然是原材料涨价挤压了盈利空间，那么将之交给供应链负责人不就好了吗？

这是企业应对通胀最常见的误区。其实，如果没有全体动员，没有其他职能条线的通力协作，没有真正贯穿组织的强烈紧迫感，单靠供应链条线单枪匹马，再怎么努力也是杯水车薪。

2022年初，查兰拜访过一家大型消费品公司，当时该公司正受到原材料成本大幅上涨的冲击，公司的CEO召集了专题研讨会，并沿袭了一贯的管理风格，将此事交由供应链负责人全权负责。当时参会的销售和营销负责人始终袖手旁观，既没想是否该上调价格，也没想是否该收缩产品线。

与很多企业一样，该公司忽视了通胀对企业经营方方面面的深远影响，并对抵御通胀需要调动组织的全员参与缺乏认知。

为什么需要销售与营销条线的全力投入？是因为通胀会消耗更多资金（详见法则1）。通胀会造成成本上涨，生产同样数量的产品会占用更多资金。出售之前，产品是存货，占用更多资金；出售之后，客户往往会因为自身的现金流压力而开始延期付款（高通胀时代，这种情况越来越普遍），从而产生应收账款，还是会占用更多的资金。

与此同时，如果销售团队还不愿意上调价格，或勉强上调却没一步到位，企业整体的盈利水平及现金流状况就会遭受严重冲击。当然，涨价是非常艰难的决定。就像一线销售质疑的那样：我们涨价，竞争对手会不会跟进？如果没有，会不会让客户不爽，会不会导致市场份额下降？其实不少 CEO 也有同样的顾虑。

根据全球知名咨询公司西蒙顾和[①]的调研，截至 2022 年 3 月，在其调研的 344 位美国实业企业 CEO 中，仍有

[①] 西蒙顾和公司的英文名称为 Simon-Kucher&Partners，是一家创立于 1985 年，发源于德国波恩的全球知名管理咨询公司。——译者注

1/3还没有采取任何涨价措施来应对通胀。这种情况的确令人担忧,因为若价格调整长期滞后于成本上涨,必将挤压盈利空间,威胁现金流安全,严重的还会导致公司破产。

除了销售与营销,财务和人力资源条线也必须参与其中,管好现金流,调整业绩指标。过去通行的业绩指标及激励政策,既不考虑资金消耗,也不关注现金流安全,一味追求收入增长和份额提升的导向在当今环境下是非常危险的,很可能让企业陷入万劫不复的险境。更何况,如果价格调整还没有提上日程,基于过往推测的增长预期和回款周期很可能不切实际,目标难以达成。这意味着盈利压力、现金流压力会更大。

因此,企业领导人必须改变经营思路。改变过去一味追求收入增长和份额提升的惯性思维,高度关注资产负债,将现金流稳健作为最高优先级,打造健康可持续的发展模式。在这个过程中,领导人必须与外部投资人及内部团队做好沟通,做好全体总动员,统一思想,升级认知。

只有这样,才有可能穿越通胀。

果断决策，快速行动

毋庸置疑，过去那个近乎零利率和超低通胀的时代已离我们远去。变局之中，总有人嗅觉敏锐，先行一步，也总有人等待观望，等时局明朗后再做打算。然而，随着俄乌冲突爆发，能源及食品价格进一步飙升，再加上新冠肺炎疫情等因素，全球供应持续紧缩，一时间，各种因素相互交织，许多企业领导人感到有些措手不及，连信心都有些动摇。

正因如此，企业领导人更不能坐以待毙，必须主动出击，坚守原则，快速行动，争取主动。每次价格调整的拖延，都会造成更为持久的负面影响；每笔应收账款的延期，都意味着资金链断裂风险的步步逼近。在高通胀时代，时间真的就是生命，必须分秒必争。

应对通胀需要新的管理理念和工具方法。本书会为你介绍精通此道的优秀企业，帮你总结提炼它们的成功经验及最佳实践，并转化为可学习、可借鉴的方法论。接下来的五章将分别阐述如何捕捉预警信号，化被动为主动，未雨绸缪抢占先机；如何管好现金，谨防流动性风险，坚守资金链安全；如何调整定价，活学活用各种定价方法及调价手段；如何从产业价值链的视角，寻找降本增效及持续挖潜的机会；如何转危为机，顺应通胀变化，全面刷新业务模式。最后一章还将从主要相关方及相关条线的角度，逐一梳理其各自在穿越通胀中的工作重点。

相信在阅读本书的过程中，企业领导人会真正认识到时代的巨变，真正认识到必须从过去"增长就是一切"的强大惯性思维中跳脱出来，直面现实的挑战，敢于为了企业健康缩小业务规模，学会既要降低成本又不能牺牲未来，既要控制人工成本又不能流失人才，更不能影响与客户及生态伙伴的关系。

各种纷扰、各种不确定还将延续，可谓前路未卜。此时此刻，企业领导人更不能犹豫不决，生活还要继续，企业还需经营，领导人必须果断决策。

新的时代，新的挑战，更需要企业领导人挺身而出，快速行动。

第二章

启动战备,抢占先机

2021年底，通胀加剧。2022年，俄乌冲突导致多国对俄制裁，新冠肺炎疫情因素加剧了供应短缺和价格飞涨。虽然有些困难是情理之中的，但俄乌冲突导致的俄罗斯石油及乌克兰农产品的出口紧缩，实在是意料之外的。

面对这样的冲击，有些企业有成熟的应对机制，既能较早地捕捉巨变端倪，又能周密地制定应对之策，未雨绸缪，占得先机。全球合同研发和生产组织（CDMO）行业龙头康泰伦特公司就是这样的企业。它在通胀加剧、人员薪酬大幅上涨的大环境下，就通胀对产业链各环节的深刻影响做了趋势研判及相应部署。如其首席执行官约翰·奇明斯基所言："在这种形势下，即便不能驾驭趋势，至少也得顺势而为，绝不能被落下一丝一毫。"

早在2021年6月，他们就发现行业薪酬普遍上涨的现象。"当时舆论认为这只是暂时现象,但随着形势发展和研究深入,我们确信这不是小波动的高点,而是大趋势的开始。"

"那段时间,各行各业都出现了招工难问题。生物制药行业的人才要求高,招人更是难上加难。尤其是像波士顿、圣迭戈、巴尔的摩、旧金山和北卡罗来纳这样的特定地区,薪资更是上涨得离谱,离职率也居高不下。以我司为例,我们的离职率通常在9%左右,但2021年跃升到11%,2022年上半年更是高达13%,新员工入职培训量更是翻番了。"

人才是康泰伦特的立身之本,这也是该公司名字的深刻寓意:康泰伦特(Catalent),就是催化剂(Catalyst)+人才(Talent)。行业薪资普遍上涨,康泰伦特也必须跟进。人力成本大幅上涨,原材料成本也在飙升,企业盈利怎么办?形势紧迫,奇明斯基立即召集核心团队,共同研讨。

这就是成立"作战室"的意义所在。危急时刻,各企业都需要这样的动员机制,让大家立刻认识到问题的严重性、时间的紧迫性,立刻进入作战状态。可以用不同的名字,但绝不能把危机应对当作常规会议中的一项议题,以常规方式进行讨论决策。

"作战室"里的讨论，不能浮于表面，只关注眼前，"头疼医头，脚疼医脚"；不仅要有战术讨论，思考如何救灾，还要有战略思维，基于数据及可能性分析，做好趋势研判及应对预案，思考如何防灾减灾。在密切关注变化端倪及预警信号时，不仅要判断发展方向，还要把握发展速度，这样才有可能做到未雨绸缪，先发制人，抢占先机。

穿越通胀，事关重大。如果一把手没有开始行动，董事会也应提出来，至少可以与管理层开个非正式的专题研讨会。当然，也会出现一把手想召开，但董事会没有积极响应的情况。如果作为董事的你也有同样的心态，请直接进入第三章及第四章。一旦认识到通胀对现金、定价，以及企业生死存亡的重大影响，你就会意识到"作战室"讨论的必要性和紧迫性。

成立"作战室",机制化穿越通胀

"作战室"的实质是一种高频的集体会议机制,用于紧急情况下的快速信息汇总、缜密战略推演及高效执行推进。"作战室"研讨并不是必须线下见面,关键在于统一强化所有人的关注点。在军事领域,这是"化恐惧为力量,化焦虑为行动"的有效方式。

今天,尽管我们对通胀已经很熟悉,但依旧摆脱不了对它的恐惧与焦虑。不少曾经非常自信的企业领导人,现在面对通胀困境,常常举棋不定,行动迟缓。然而,越拖延,形势越容易恶化,利润及现金流挑战就越险峻。比如,价格调整不果断,很可能导致一步慢,步步慢。

不妨以史为鉴,带领全体高管认真学习通胀对企业经营的整体影响,研究优秀企业应对通胀的最佳实践,尤其是20世纪70年代的美国和八九十年代的巴西。当时,巴西出现了恶性通胀，物价一日几涨。当时查兰正在当地执教，亲眼看见当地人每天早上第一件事就是去超市抢购食品的景象。

目前通胀压力巨大，要想形成高效快速的应对机制，每周一次的会议频率可能还不够。有些制造业企业已启动"日会"机制，一把手、运营、采购及供应链负责人每天碰头。

从2021年下半年开始，康泰伦特高管团队成立了"作战室"，就穿越通胀的主题，每周至少讨论一次，并在全公司范围内启动了全面降本增效的战略举措。面对挑战，奇明斯基直言不讳："通胀之下，人员及原材料成本必然大幅上涨，但我们还必须保持市场竞争力。形势严峻，唯有大幅降本增效才能生存，唯有提升竞争优势，为客户创造更大价值，才有可能适当涨价。"随着"作战室"里的讨论持续深入，各项落地工作也得以快速付诸行动。

再来看杜邦。2020年，杜邦迎来了新任掌门人溥瑞廷，一位应对危机的行家里手，其职业生涯中曾数次带领企业安然度过危机。履职不久，他就启动了由集团10位核心高管参加的周会机制，即每周一上午一小时的经营分析会。在常规状态下，这样的周会是有效的管理工具；在紧急情况下，也可以是高效应对的重要抓手。新冠肺炎疫情暴发后，他当机立断任命了一位高管为公司"新冠肺炎疫情总指挥"，专门负责研究疫情发展，分析疫情影响，制定应对之策；在建议方案经周会讨论决策后，还负责具体的落地执行及成效跟进。

2021年秋，随着原材料供应大面积短缺，成本大幅度上涨，采购条线负责人也加入了会议，每周同步数据信息、专家观点及业务情况，比如空运和海运的运费涨幅，关键原材料的短缺程度，业务经营受到影响乃至被迫中断的区域分布。

2022年2月，随着俄乌冲突爆发、能源供应短缺、原材料价格飞涨，采购条线负责人成了所有人的焦点。杜邦高级副总裁兼首席战略官拉吉·拉特内卡回忆道："那段时间，我身先士卒，带领采购团队四处奔波，汇总数据信息，分析预测趋势，每两周开会汇报形势动态，然后跟高管互动问答，深入探讨。会后，会上的信息分析及会议讨论精神会快速传达到各级组织和各个部门，帮助大家形成全局视角，以全面掌控情况。当天然气价格开始飙升时，我们立即意识到其对原材料成本及运费的重大影响，因此必须快速采取行动，比如对深受影响的产品必须立刻调价，刻不容缓。若稍有耽搁，整体业绩表现及盈利水平就会受到重创。"

紧急情况下，组织内的信息快速同步和工作的快速推进，不仅本身非常有价值，还能帮助大家提升见微知著、对预警信号高度敏感的意识和能力。

形成数据看板，追踪预警信号

2022年初，在政府的立法支持下，印度纺织业呈现一派欣欣向荣的气象，从棉花种植到服装制造的产业链各环节，各企业无不摩拳擦掌，蓄势待发。此时，当地一家大型面料厂商基于其欧洲市场的销量增长，也在积极准备扩大产能。

然而，预警信号接踵而至，多家欧洲客户接二连三地取消了订单。俄乌冲突不仅导致能源价格飙升，还严重影响了欧洲市场。鉴于消费意愿及消费能力的迅速下降，欧洲服装制造企业大幅削减了生产计划指标。虽然同行还在大幅扩产，但这家印度面料厂商果断调整，在减产的同时，还大幅削减了扩产计划指标。

在上述案例中，预警信号来自客户。其实除了客户，企业还可以从行业统计数据及产业链上下游动态中，洞察变化的端倪。不要等到尘埃落定，局势完全明朗后，再做调整，因为到那时再行动，往往为时已晚。每家企业都要有数据看板，把相关数据信息整合在一起，持续密切监测，敏锐把握趋势。如果现在没有，内部也没人能做，那么不妨寻求外部帮助，快的话一两个月就能完成。

在设计数据看板时，不仅要有宏观数据，还要有对所处行业和所涉业务更具针对性及前瞻性的量化指标。比如，政策制定者及媒体记者非常关注的CPI，反映的是宏观经济的整体情况，对具体行业及细分领域很可能指导性不强；而且CPI是结果指标，有一定的滞后性。相比之下，生产价格指数（PPI）则更具前瞻性。就像2022年5月13日，备受尊敬的经济学家穆罕默德·埃利安在接受彭博社采访中被问及美国是否有滞胀风险时，就提到了PPI上涨了11%的事实。埃利安说："很多人没有意识到，PPI是CPI的先兆指标。大家需要更加关注PPI。"

千万不要只看单一数据指标。宏观层面的通胀高企，具体到每个行业、每个细分领域，影响是不同的。指标选择一定要针对性更强、颗粒度更细。想一想，对能源消耗量大的重工企业而言，整体市场的CPI和能源价格指数，哪个更有用呢？

在收集数据信息时，数字技术可以大显身手，不仅可以自动获取公开信息，还能持续追踪价格走势，一旦发现价格竞争及份额争夺，就会第一时间发出预警。要知道，面向消费者的价格有可能每天调整，面向企业客户的价格，即便不是因为通胀压力，也有可能每月不同。

通过数据分析，还可以洞察推测消费者行为的变化。比如，2022年5月，沃尔玛在例行的业绩通报发布会上提出，最近一个季度的收入构成不同以往：刚需类日用消费品占比提升；随着通胀率超过10%，性价比更优的自有品牌占比也有所提升。通胀引发的消费行为变化、品类侧重调整，无疑会对其利润空间、品类选择、库存管理、现金流等各个方面产生巨大影响。原本对通胀加剧的种种担忧，现在基于经营数据分析得到了有力的印证。

除了源自外部的预警信号，企业还要对内部风险高度关注。现金流是企业的生命线，库存积压和账期延长很可能是致命打击。对此，一把手及财务条线负责人一定要高度关注，一旦发现问题，必须快速采取行动。

预判发展趋势，力求未雨绸缪

要想抢占先机，就得预判发展趋势。这样即便不能未雨绸缪，至少也能跟上形势——因此此时可以利用数据看板，但是不能仅停留在信息收集及分析的层面，还得更进一步，在预警信号的基础上，推测判断可能的发展趋势。不妨利用"作战室"，引导大家头脑风暴，深入思考：预警信号意味着什么，后续发展趋势可能有哪些，各种因素相互叠加会有什么综合效应，会对未来产生什么影响，等等。这样的深度思考，会让你在挑战与变局之中脱颖而出。

问题比答案更重要。好问题能激发大家拓宽思路，与自身业务不直接相关的思考也许能带来巨大的启发。读到通胀对各国经济的影响，也许会让你联想到新兴经济体的具体情况。

西湖公司首席执行官艾尔伯特·赵就是这样的。他回忆说:"当时我们认为,新兴经济体将面临通胀高企及汇率波动的双重挑战,并因此遭遇流动性问题。于是,我们问自己,如果是这样,那么需求会发生什么变化?是否会引发社会动荡?这些变化会导致什么后续发展?"

同理,我们也可以思考,新冠肺炎疫情防控期间的美国财政刺激政策对整体消费有什么影响?随着成本日渐上涨,需求是否会出现下滑?如果是这样,那么对消费企业来说意味着什么?

IVL公司的首席执行官及首席财务官DK.阿加瓦尔就在思考这些问题。该公司总部位于泰国,是一家全球可持续发展化学企业,生产从树脂和聚对苯二甲酸乙二酯(PET)包装到工业用纱线和织物等一系列产品,其中包括用于轮胎制造的线绳材料。因此,当时阿加瓦尔就在思考:如果能源价格飙升,欧洲人会不会减少驾车出行,继而影响轮胎需求?

关于宏观走势,不少专家一味埋头研读美联储的公告,试图从中探寻美国经济是否会放缓的蛛丝马迹。然而,美联储无法掌控一切,企业还需要结合多种因素及自身情况进行分析推演。除了判断方向,还得思考速度,比如,美联储升息之后多久会出现经济衰退?阿加瓦尔指出,事实上，大幅通胀是在财政刺激政策出台两年后才到来的。如果你坚信经济衰退会在2023年底出现，那么现在就得着手准备。与此同时，不要忘了这只是你的预判，一定要持续关注形势变化，尤其是那些与你的预判相悖的数据信息。

在追踪预警信号的时候，不能因为过于悲观而错失利好信号。在通胀大势下，有些领域可能不降反升，比如国防、风险管理等。想想还有什么领域也是这样的。

当前形势下，大家关注的焦点无疑是通胀。随着经济衰退的日渐临近，企业也可以遵循同样的思路进行分析，比如，衰退何时会来？会持续多久？哪些因素会加速衰退到来，导致衰退延续，促使经济复苏？

速度至关重要,力争先发制人

有些企业领导人过惯了稳定发展的好日子,面对通胀高企的巨大挑战,往往会陷入过度分析的情况,迟迟无法做出决断。当今时代,速度至关重要,是企业重要的竞争优势。第五章会详细阐述,康泰伦特公司在面对人力及原材料成本双双大幅上涨时,是如何果断决策及快速行动的。

现在让我们回到杜邦,领略一下它先发制人的速度。基于采购负责人的预警,杜邦高管团队立即行动起来。杜邦首席战略官分享说:

"一方面,我们采取了所有可能的方式,大力推动降本增效,比如原材料替代、产地转移以及运输方式调整等;另一方面,我们当机立断,提高了产品价格,如果不能有效覆盖造价及运费,整体经营就会陷入困境。要知道,当时有些航线的运输成本已经翻番，而且我们所在的化工行业及材料科学领域在原材料方面高度依赖石化产品，而石油价格与天然气价格息息相关。

"在价格调整方面，真是要感谢我们的掌门人。多亏他经验丰富、决策果断，一直督促大家要基于数据分析及趋势判断，主动提价、快速提价、大幅提价，一定要能覆盖成本的迅猛上涨。相比之下，不少同行对其中的利害缺乏认知，决策慢、行动更慢。虽然价格最终涨了一点，但速度不够快、幅度不够大。如果不能预判趋势，不能果断决策，不能快速行动，等到财报显示亏损才反应过来，则为时已晚。

"对于利润水平低的业务，通胀的杀伤力更大。从整体上看，杜邦的经营利润率约为20%，有一定的承压能力。而像巴斯夫这样的上游化工企业，经营利润率只有10%，若稍有疏忽，反应稍慢或力度不够，陷入对原材料及运费成本的无尽分析，就很可能出现巨额亏损。

"涨价的确是艰难的决策。常规时期，在我们行业，涨百分之二三都困难；在电子消费行业，降价才是常态。从整体增速来看，我们行业增速通常不到1%。要是能做到2%的价格上涨、4%的收入上涨，就已经相当优秀了。但大环境变了,非常之时需要非常之举。

"在涨价方面的坚决与迅速,让我们能在通胀冲击下,表现出超越同行的坚强韧性,受到资本市场的高度肯定。总之,关于涨价,要做到速度快、幅度大。"

关注宏观走势，评估衰退可能性

过去十多年，经济形势整体向好，一直在稳步发展。今天的企业领导人大多是在这样的好日子里成长起来的。那时，经济增长是确定的，所谓的不确定性是增速有多快。面对通胀高企的艰难时世，诸多挑战一下子扑面而来，企业领导人未免有些措手不及。究竟该听谁的意见？该关注哪些指标？毕竟没有经历过，很多都得从头学起。经过此役，想必大家都会找到适合自身的数据指标及专家智囊，建设同舟共济的核心团队，形成自己对通胀的真知灼见。

穿越通胀不是终点，更大的挑战还在后头。经济衰退乃至陷入滞胀的可能性始终都在。除了深入研究美联储公告，从中发现些许端倪，还要拓宽视野，想想还有哪些信息可能揭示利率调整的节奏及幅度。比如，美联储的持续量化紧缩累积到什么程度可能会开始抑制经济增长，并引发经济衰退甚至陷入滞胀？

应对通胀，美联储也就这么几招。美联储已承诺加息和缩表。这无疑会推高房贷及借款利率，继而影响房市、车市及信用卡消费，进而影响旅游业及娱乐业。该来的一定会来——事实上，已经来临。

只要能源价格持续走高，通胀就不可能结束，因为能源是各行各业的基础。随着通胀率居高不下，人们只会越来越焦虑。唯有看到确凿证据，民众才会相信通胀真的离我们远去。

现在，越来越多的人开始把经济衰退挂在嘴边。但衰退究竟何时会来，程度多深，还是未知数。查兰认为，鉴于目前美国失业率较低，美联储也许更倾向此时出手。即便2022年底还未开始，估计2023年也会出现，很可能会持续一年半左右。至于通胀，也许持续时间还会更长。

不管如何预测，都要对通胀及可能到来的衰退做好准备。几乎可以肯定的是，资金充裕、成本又低的好时光已经成为过去，未来几年很可能是资金需求和资金成本的双双高企。企业的日子不好过，政府也不容易。比如美国政府，从填补财政赤字到投资基础设施、抵御气候变化，再到引导供应链回迁，方方面面都需要大量资金。

提前准备预案，未来或许更难

如今，并非只有悲观者才认为前路荆棘，甚至 Builders FirstSource 公司的首席执行官戴夫·弗利特曼都认为未来艰难。该公司总部位于美国达拉斯市，是一家业务蒸蒸日上、发展潜力巨大的大型建材生产及分销企业。有意思的是，弗利特曼对公司发展前景的长期乐观，恰恰是建立在对未来几年经济大势不甚乐观的基础上的。

2021 年 1 月，它完成了与另一家建材领域巨头 BMC Stock Holdings 公司的合并，强强联手，一举成为全美最大的建材分销商，并跻身《财富》世界 200 强。当时正值新冠肺炎疫情防控期间，持续的居家办公提升了人们对居住空间的需求。疫情防控期间的需求增长，叠加两家巨头的合并，对公司供应链形成了巨大的挑战。

弗利特曼说："2021 年，住房需求及新房建设双双飙升至14年来的最高水平。相形之下，供应链远远无法支撑。无论是木材、五金还是门窗，交货期都从原来的3~4周延长到了5~6个月。大型房建施工企业被迫提前6个月找我们预订门窗。一时间，需求激增，供应短缺，价格飞涨。当时的混乱真是不堪回首。"

扛过了供应链挑战，弗利特曼及其核心团队开始思考更为长远的未来市场需求的问题，尤其是新房建设。千禧一代是新房市场的主力军，需求通常是首套房、为了孩子或为了更大绿地的改善性住房。在买与租的选择之间，房贷与租金哪个负担更重是重要的考量因素。因此，新房市场与房贷利率息息相关。

弗利特曼接着说："我们一直在持续关注市场需求的变化。首先是购房成本大涨，2018年新房均价为26万美元，2022年5月已经涨到了41万美元。然后是房贷成本大涨，2022年1—7月，房贷利率从3%上升到了5.7%，6个月几乎翻了一倍。虽然现在房市依然火爆，但增速已经开始放缓。从企业经营的角度来看，我们已经开始准备预案。"这正是俗话讲的"在阳光灿烂的时候修屋顶"。2022年二季度，该公司不仅盈利创下历史新高，单季度收入达69亿美元，利润高达15亿美元（按调整后的息税折旧及摊销前利润口径计），还有余力在此前 12 个月中回购了高达 25% 的流通股权。

在准备预案时，他们以市场下跌 10%、25% 及 40% 三种预测情形，分别制定了不同方案，既有业务目标也有相应的落地举措，并向董事会做了汇报。其中包括：通过减少组织层级、提升司机周转效率、优化业务流程等一系列方法，实现 1 亿美元的降本目标；债务重组，并展期至 2032 年；在市场整体下行的大环境下，冻结编制，精简项目；在发展过程中，如何根据市场下跌幅度，灵活压降变动成本。

在积极降本的同时，他们始终坚持聚焦客户。面对可能的市场下行，他们做了客户优先分级，以确保在艰难形势下保持盈利。弗利特曼表示："我们不是超人，我们也必须活下去。未来几年肯定很难，我们要居安思危，未雨绸缪。"

除了与核心团队、与董事会沟通，弗利特曼还与全公司近 3 万名员工，以电邮、视频及全员大会等各种形式进行了持续沟通。"前路艰难，我们已经开始吹风。鉴于当前通胀高企，2022 年 6 月 CPI 已高达 9.1%，想必大家对后续发展以及我们的预案，基本也都心里有数。"

"当然，我也不希望出现经济衰退，但市场发展往往不以人的意志为转移。我们追求的是，当衰退真的到来时，我们不仅能够活下去，还能跑赢大盘，持续领先。这就是我的目标。"弗利特曼坚定地说。

第三章

管好现金，事关生死

现金管理，事关企业生死，也是平安度过通胀期的关键。任何时候，企业领导人都要对现金来源、现金使用及现金变化做到心中有数。还要大力降本增效，争取能在更低的收入水平上，做到现金流打平。对于财务报表，不仅要关注损益表，还要关注资产负债表及现金流量表；对于盈利情况，不仅要关注账面利润、利润率，更要关注现金利润。

如果不重视现金，也没有采取任何管控措施，那么企业迟早会陷入风雨飘摇之境。高通胀的影响范围广、程度深，以前的如意算盘很可能落空。比如：价格固定的订单，一旦成本大幅上涨，利润就会受到侵蚀；利率变动的贷款，一旦利率大幅上涨，利息支出就会随之飙升；能源依赖度高的行业，一旦能源价格大幅上涨，就会直接或间接地对企业经营造成重创。

在高通胀的大环境下，与客户服务及收入相关的各个方面，比如应收、库存及生产等，都有可能成为现金消耗的大户。每位客户的情况不同，应付账期长达275天的客户，即便利润再高，估计账面也不好看。比如，美国一家大型银行在做完客户盘点后发现，有几家企业大客户对整体资产负债表的负面影响巨大，于是果断决定终止合作。

在利率上涨、经济增速放缓的大势之下，企业更要管好现金，快速发现并解决堵点及失血点，无论是运营费用还是资本支出，都要加倍谨慎。所有业务规划及预测分析，都要有现金流分析；即便是已经决定要做的投资计划，也要基于当前的大势变化及未来的趋势预判，重新分析、重新决策。

通胀加剧负债压力，确保资金链安全

通胀高企之际，坚守资金链安全是企业安身立命之本。要像IVL公司一样，密切关注预警信号，防患于未然。大部分美国人都是到2022年2月才意识到通胀真的来了，而IVL公司早在2020年底就开始研究，并在2021年采取了一系列防范措施。该公司掌门人阿加瓦尔说："我们一直很重视风险管理，一旦发现预警信号，就会快速行动起来。当时的各项刺激政策释放了大量的流动性，给利率带来了不必要的压力，让我们坚信通胀一定会来，必须马上行动，至少先把贷款利率固定住。"

2021年，IVL公司成功锁定了68%的贷款利率水平，其中一部分的锁定期长达7年。"这样一来，即便利率上升，波及面也只有32%。"此外，他们还提前锁定了一些授信额度。"这样一来，就多了三四亿美元的资金，再加上既有的现金储备,就有20亿美元的流动性。资金链稳健对我们很重要,谁能断定油价不会涨到200美元一桶呢?"

除了能源价格,IVL公司还会关注其他预警信号。在全球出差的过程中,阿加瓦尔发现各地都出现了劳动力短缺的情况,白领缺,蓝领更缺。在巴西,利率在短短一年间就从2%涨到了10.5%。当地政府为了防范重蹈恶性通胀的覆辙,采取了更为积极的措施抑制通胀。

如果没有提前准备,那么现在必须赶紧行动,越快越好:降低负债,管好现金,确保资金链安全。通胀高企,利率上升,付息压力将成倍激增,可能危及企业生死。不要因为负债利率不高,就觉得可以高枕无忧。随着通胀带来的各项成本上升,不断侵蚀利润空间,业务经营创造现金盈利的能力将大幅下降。到那时,即便利率不高,利息支付也可能捉襟见肘。

史上历次通胀冲击中,企业债台高筑,无力付息,资不抵债,继而破产的例子屡见不鲜。就像20世纪80年代初,尽管美联储铁腕应对高通胀,但破产企业数量依旧持续攀升。预计这次也不例外。企业一定要关注资产负债,确保资金链安全。

狠抓应收与库存，谨防流动资金风险

高通胀最隐秘的陷阱就是不知不觉间对流动资金的大量消耗。过去很长一段时间，资金成本常年保持低位，企业不太需要考虑收入增长和流动资金的关系。但现在，这是必须要做的。

绝大多数业务经营需要流动资金支撑，尤其是应收与库存。通胀高企，意味着支撑同样的业务规模，需要补充更多流动资金。但问题是，在高通胀大势下，获得融资不仅贵，而且难。就算能获得额外的资金支撑，考虑到通胀对利润的冲击，赚钱也难，还本付息能力也堪忧。

谨慎稳健的现金及流动资金管理，是企业经营的基本要务。不过，对于许多在高增长、低利率的好日子中成长起来的企业领导人来说，以前没做好，似乎也没什么问题。然而时过境迁，在高通胀时代，这是刚需。就像杜邦的新任掌门人溥瑞廷，因为过去经历过类似的险情，所以特别重视现金管理。杜邦的其他核心领导人也是如此。比如，首席财务官洛里·科赫在针对经营的财务管理方面经验丰富，首席战略官拉吉·拉特内卡来自以精细运营及严格管理著称的标杆企业丹纳赫。这三位高管联手在全公司范围内发起了专项整顿计划，严格管理流动资金，降低现金消耗。

拉特内卡介绍说："我们对现金高度重视，周周看，甚至天天看。新冠肺炎疫情之前就是这样的，现在通胀高企，更得这样。这样做的确很有帮助。我们正在持续改善流动资金，不断降低资金消耗。"

改善流动资金，重点要防范应收账款的账期延长。客户本来就有这种倾向，通胀时期更是如此，60天拖到90天还不够，还要求延长到120天，甚至更长。如果没有对账期的高度关注及严格管理，这种拖法就像个黑洞，会吞噬越来越多的流动资金。试想一下，随着通胀持续高企，总有客户陷入严重的财务危机，甚至无力偿债，到那时，对企业资金链的冲击会有多大！

拉特内卡接着说："在资金成本几乎为零的时候，给客户宽限应付账期，以换取更大收入规模，成本不高。不少业务一把手认为延期30天，风险不大，成本不高，还能提升份额，何乐而不为呢？"

然而，时代不同了。应收账款的延期可能把整个公司拖入深渊。面向企业客户（ToB）的企业必须立刻着手分析客户财务状况，看看其中哪些负债水平高、哪些成本结构受通胀影响大、哪些现金流吃紧。对这些客户的应收账款，要特别小心，要立即联系这些客户，商讨付款计划。比如，印度TVS公司是一家生产销售两轮及三轮摩托车的大型企业，曾经以赊销的形式给经销商供货，但现在已改为现款提货，并积极帮助经销商通过其他途径融资。

在应收管理方面，杜邦制定了一系列经营指标，指导帮助业务一线开展工作。"优化应收账款，业务都知道要做，但有时不知道该做什么。于是，我们将其细化，拆解为应收余额、应收账期、应收占比、分客群逾期占比等指标，持续监控、量化分析、督促改进。此外，我们还做了对标分析，让大家看到业界优秀水平，看到自身存在的差距及巨大的提升空间。为了帮助企业更好地落实，我们还为业务提供了最佳实践方法工具包。"

虽然杜邦体量巨大，业务多元，各业务条线的合约制定及付款条款不尽相同，但通过标准量化指标的通晒，其透明度及可比性大增。

"无论是某业务条线的应付逾期率从1.5%降到了0.9%，还是另一业务条线从15%降到了12%，都能对所有业务条线起到很好的激励作用。

"当看到某些销售、地区经理、大区经理做得特别好时，我们就会思考其背后的原因；如果有业务以'亚洲客户总是拖欠'为借口，我们就会指出，其实从另一产品线的应收情况来看，亚洲客户的表现是最好的。

"经营指标与工具方法相结合，能帮助业务一线找准改善应收的发力点。比如，某客户的利润低，但账期长，各种条款优厚，这是否合理；再比如，A、B两家客户，A的利润低但账期是正常的两倍，B是A利润的3倍却要按正常账期付款，这是否合理。如此分析，就能发现问题客户。在通胀高企的大环境下，这一点至关重要。"

除了应收，杜邦对库存也极为重视，因为这两项是降低流动资金风险的关键。拉特内卡解释说："高通胀时期，库存的杀伤力巨大。随着成本价格上涨，库存金额上升，消耗现金，当销售完成转为应收后，应收金额也会上升，也在消耗现金，这是其一。其二是随着成本价格波动，如果价高时积累的库存被迫在价低时出售，则势必会冲击利润。"

在高通胀时期，如果管理不善，则库存很快会成为现金陷阱。一方面，在供应短缺及各项成本大涨时，企业会倾向囤货，需要占用更多资金；另一方面，如果不能快速周转，带着过多库存进入经济衰退，企业又得被迫折价出售。比如，2022年春末，随着通胀高企，沃尔玛及塔吉特等零售巨头发现消费者的行为发生了显著改变，整体销售中食品的份额明显提升。这意味着它们百货商品的库存水平肯定有所上升。库存积压久了，日后只能打折出售。

管好库存，不是一味压降库存。关键在于，如何在尽可能满足客户需求、实现收入增长的同时，把库存维持在较低水平，通过减少品类品种、提高周转速度、数字化提效等各种方式，提高单位库存能支撑的销售额度。否则，收入增长，库存就会同比增长，就会同比占用更多资金。有家地产商为了尽快回笼资金，加快了建设速度及销售节奏，并以折价出售的方式，快速实现了去库存。

优化库存管理，需要跨部门协同，需要财务、采购、生产、销售和营销部门共同探讨解决之道。这样的复杂性，会使那些数字化程度高且有算法加持的企业优势凸显。

严格重置优先级，谨慎使用现金

对于既定的战略规划、投资计划及其他相关方案，企业一定要重新评估，尤其是考虑通胀对资金消耗及现金收入的巨大影响。

无论此前思考得多合理，此刻都需要结合通胀持续累积的特点，从现金流的角度重新审核。除非出现经济衰退，否则通胀水平不会显著下降。通胀若持续几年，其累积效应将巨大，因此企业别无选择，必须从长计议，重新审核。假定第一年的通胀率是7%，通过美联储缩表及加息2%，第二年降至5%，第三年降至4%，这意味着3年下来，相较原先上涨了17%。这么算下来，资金储备是否真的足够呢？

20世纪80年代初，查兰受邀为通用电气的高管在其世界著名的克劳顿管理学院讲授了一门名为"应对通胀"的课程。那时的情形与现在类似，高通胀突然降临，令不少此前业绩优秀但缺乏相关经验的业务领导人感到措手不及。当时通用电气的掌门人杰克·韦尔奇敏锐地洞察到高通胀正在悄然消耗大量现金，如果不快速应对，则很可能危及公司极为珍视的 AAA 级信用评级。因此，他邀请查兰为 900 位公司高管讲授相关课程，每班 30 人，深入学习探讨通胀的影响及应对之策。

查兰的教学风格特别务实，他要求大家基于对未来通胀率的不同走势推断做现金流预测。在走势推断的情境中，至少要有一个是基于通胀水平高、现金收入低的预期，以及在这种预期下，未来四个季度会增长多少现金支出。课上的实战练习令大家深受触动，课后他们纷纷采取了相应的行动，包括为确保在最差的情况下也能做到现金流打平而适当放缓了发展节奏，缩减了投资规模。正是由于大家齐心协力，通用电气才在极为艰难的外部环境下，保住了蓝筹股的地位。

为充分理解通胀对现金流的影响，现金流预测的颗粒度要更细，光做到季度预测还不够，时间周期也要更长，至少要往前看两三年，这样才能充分展现其累积效应。与此同时，成本预测也要更加细致，周期更长，更体系化，更好地跨部门共享，因为成本分析是销售和营销条线制定价格的重要依据。

经营企业方方面面都要花钱。艰难时期，不仅要精打细算，还要努力为自己创造生计。比如，能否做点广告，做点微创新支撑高毛利，做点降本增效，压缩整体成本？

在数字化方面要有投入。数字技术能帮企业做到动态定价、需求匹配及更精细的客户细分。网络安全也不能忽视。在供应链及产能规划方面，也许需要改变地域布局，但有些设备及厂房维护不能一拖再拖。还有些事关长远的领域也不能偏废，比如环境、社会和治理等相关领域。这是所有企业的必修课，即便需要投资，也得迎难而上。

无论是运营费用还是资本投资，面对这么多需要花钱的地方，资源毕竟有限，企业该如何确保"好钢要用在刀刃上"呢？首先要向内挖潜，像杜邦一样优化流动资金管理；其次要严格重置优先级，明确轻重缓急，果断做出取舍。

资金使用优先级的分析框架

1. 保障业务持续经营

2. 投资数字化升级

3. 解决供应链瓶颈并大力提效

4. 优中选精地创新

5. 非必要不投资扩产

第四章

调整定价，行动要快

在过去10年间，人们可能经常忽视定价的重要性，然而当通胀来临时，定价就是企业生存的核心问题。无论你是预期更剧烈的通胀、衰退、滞胀，还是认为经济有望回暖，你都必须理解，定价会影响你的盈利能力与客户关系。提价是每个人都会想到的对策，但定价的学问比提价要大得多，需要好好研究，全盘掌握。

在当前的经济时代，即便过去的做法至今依然行之有效，我们也不能墨守成规。也许一次性买卖的交易型业务在贵司总收入中占大头，但如今订阅式收费模式开始崭露头角。也许贵司已取消附加服务费，但现在不妨考虑重启。一切都需要重新考虑，慎重选择。

调整定价的方式方法，可能比你想象的要多，调整定价也比你想象的更重要、更紧迫。这里有个活生生的例子，即同一私募股权投资基金旗下的两家木材分销行业的被投企业。也许你还记得2021年的有关报道：随着房地产市场开工建设量上涨，木材需求激增，价格飞涨，供应波动剧烈。这两家木材分销行业的被投企业，面对同样的市场环境，由于在定价方面的不同做法，结果高下立见。

A公司采取的是指数定价法，即在成本的基础上，留出固定百分比的利润空间，形成产品售价，类似于大家熟悉的成本加成法。在木材进货成本上升时，由于加成比例固定不变，销售价格就会自动上涨。也就是说，成本越高，售价越高，现金流入越多。其原理就像擅长定价的西蒙顾和咨询公司合伙人亚当·埃克特解释的那样："当进货成本为100美元、利润加成率为40%时，一进一出的利润空间为40美元；当进货成本为200美元、同样的利润加成率时，利润空间变成了80美元。这意味着，成本上涨越多，利润空间越大，现金流入越多。那段时间真是天上掉馅饼，该公司利润暴涨（按调整后的息税折旧及摊销前利润口径计），甚至远远超出了投资人最为激进的预期。"

B公司的业务非常扎实，但定价机制与A公司不同，不是基于指数定价的自动调整，而是基于谈判的一客一议，因此在价格变动异常迅猛时，根本来不及调整。

结果是那段时间，A公司不仅安然度过，而且实力倍增，顺势收购了几家相对弱小的行业竞争对手；而B公司则日渐式微。

由此可见，在高通胀的大势下，无论贵司近况如何，都要借此机会复盘现行的定价方法，在定价方面构建新的核心能力。通胀高企，企业需要更为快速灵活地进行定价调整，还要注意方式方法，切忌过度消耗销售团队，避免令客户心生嫌隙。

定价方法，结构化拆解

危中有机。巨大的通胀压力会倒逼企业调整定价，这正是重新思考定价方法的绝佳契机。要想把握机会，首先要对定价方法做结构化拆解，明确当我们在笼统地讨论定价时，我们究竟在讲什么。

收费模式：究竟是按一次性交易的买卖收费、按持续性订阅的服务收费，还是按一事一议的合同制收费？

定价机制：究竟是参照竞争对手定价、参照指数定价、参照持续动态调价，还是参照一客一议的价格谈判？

定价目标：究竟是为了不让产能闲置、为了利润率达标、为了售价达标，还是为了利润总额的最大化？

定价策略：定价背后的战略意图，究竟是为了提升市场渗透率、为了稳定存量客户，还是为了创造价值的最大化？

无论过去如何组合这些定价元素，现在都应该考虑：当前是否应该做出转变？在2008—2009年金融危机之后，美国某起重机制造商正是通过定价方面的主动变革，才成功摆脱了困境。当时经济很不景气，航运业也遭受了沉重的打击，对装卸集装箱的起重机的需求也大受影响。当时，该公司已经投入了大量资金来建造这些耗资数百万美元的起重机，减产或停产不仅会造成巨大损失，还会让此前的投入打了水漂。屋漏偏逢连夜雨，就在这时，取消订单的坏消息却接踵而来。

随后，该公司创新性地改变了收费模式，从把起重机卖给航运公司改为按每个集装箱吊装收费。这对航运公司来说也非常有吸引力：不再需要一次性支付高额的起重机购置费用，只需按每次实际使用付费即可。于是，在极为艰难的大环境下，该起重机制造商逐步完成了收费模式的转型，客户逐渐接受了集装箱吊装服务及其收费标准。等到四五年后航运业复苏时，集装箱吊装服务成了利润颇丰的新业务。面对逆境，这家公司没有坐以待毙，而是主动求变，以定价方面的主动变革为关键破局点，不仅安然度过了经济危机，还为复苏后的蓬勃发展奠定了坚实的基础。

在高通胀的大势下，有些经验之谈以供参考：

- **快速调价**：如果贵司是按一次性交易的买卖收费（就像街头小贩以一美元的价格卖一个苹果），且定价机制是成本加成法（售价为成本的140%，即加成40%），那么用某个价格指数（如某种主要原材料价格）反映高通胀下的成本变化，并与定价挂钩，就能直接传导通胀压力，是很好的快速调价机制。

- **明确目标**：如果贵司明确了保持10%利润率的定价目标，有能力实时跟踪塑料、能源等重要原材料价格，并且客户在合同中允许以原材料价格波动为由重新定价，则应能免受单方面承担原材料成本上涨之苦。

- **另当别论**：软件及制药企业的边际成本较低，且往往已按价值定价，利润空间已然较大。除非受到长期合同的价格锁定，否则未来难以为继；面对通胀压力，通常承受力足够，不太需要借此重新调价。

- **另辟蹊径**：比如，某黄铜管道及配件制造商以成本加成法定价，且由于黄铜采购量大，通过谈判，相对市场价获得了较大折扣。面对高通胀，不妨以铜或黄铜市场价为价格指数，快速调整销售价格，或者以一次性交易的买卖为收费模式，采取招标或拍卖的方式，在供不应求的时间窗口中快速提高售价。

相形之下，有些定价组合则是相当危险的。比如，某合同制的制造企业（收费模式），为了确保工厂满负荷生产（定价目标），两年前与客户签订了一份为期5年、价格锁定，且无调整机制的合同。面对通胀高企，各项原材料及人工成本飞涨，企业如果不果断采取措施，则必将落入现金流枯竭甚至破产的深渊。

尽管每家企业的情况不同，但价值定价是大势所趋，值得更多企业认真思考。就像西蒙顾和合伙人埃克特所说的，虽然重启谈判的确不易，但却是转向价值定价的好时机："即使合同条款确实非常不合理，你也必须迎难而上。在谈判过程中，你会发现自己对客户其实非常有价值。"

贵司如果打算继续采用成本加成法，则必须确保所有成本都考虑在内。一定要记住，没有毛利，就无法生存，唯有盈利，企业才能持续经营，因此保持盈利所需也要考虑在成本之内。对此，埃克特引用了西蒙顾和创始人赫尔曼·西蒙的谆谆教诲："遇到坚持成本加成法定价的非常固执的客户时，要把企业的利润视为持续经营的必要成本。"

定价调整,紧迫性提升

再不着手调整定价,现金流及盈利方面的损失恐怕难以挽回。每个行业都得有人先吃螃蟹。要想快速调价,企业领导人就不能当"甩手掌柜",将之交给销售或营销部门。这些部门由于害怕得罪客户甚至失去客户,通常会一拖再拖。

过去10年,销售和营销条线一心想着获客和签单,实现收入增长,不太重视订单的利润水平及客户的支付能力,对涨价有种近乎本能的反感。

高管则必须直面这个问题。一线业务人员知道价格该涨,与立即执行涨价指令,这是两回事。正如杜邦公司首席战略官拉吉·拉特内卡所说:"当公司宣布提价10%或15%、某些产品价格涨幅甚至高达30%时,就必须要求一线销售马上奔赴客户身边,向客户解释,为什么往年只有

1%~2% 的价格涨幅，今年则必须提高到 30%。这样的价格涨幅在工业界实属罕见，接受起来的确不易。

"总体来看，一线执行得很好。有的业务条线行动迅速，业绩结果提升显著；但有的业务条线行动迟缓，甚至存在不理解、心存抗拒的现象。"

当杜邦果断决策，在行业内率先提价时，大家普遍担心其会因此丧失市场份额。然而，事实证明，提价决策是正确的，而且市场份额并未受损。拉特内卡解释说："我们向来深受客户的信任和尊重，这次也不例外，秘诀就是从一开始就开放坦诚地与客户沟通。我们想让客户了解涨价背后的具体原因，让他们理解价格调整的合理性。我们还会告诉他们，这是普涨，并非只针对他们一家。

"过去一年，在某些产品类别中，我们不得不多次提价。每一次，我们都向客户明确地说明涨价的理由。虽然他们并不开心，毕竟没人喜欢涨价，但出于对我们的信任，他们通常也能理解这是所有人都面临的共性问题。他们不会为了稍微便宜的价格而把业务转给另一家公司，因为那将无法保证供应的质量和稳定性，而这些正是他们当初选择杜邦最重要的原因。一方面，虽然竞争对手暂时没有动静，但并不代表未来不会提价，或早或晚一定会涨价；另一方面，我们也不能趁火打劫哄抬物价，这不利于长期发展。杜邦绝不会做这种非理性的事，绝不会做损害客户信任的事。"

在供应受阻或通胀高企之时，有些行业领军企业通常会以不同方式向市场传递即将涨价的信号。不同的企业方式不同，比如刊印费率手册、新闻通稿及客户公开信等。这些方式不仅能帮助客户做好心理准备，还能帮助同行缓解焦虑，坦然跟进涨价，在艰难的大环境下，避免出现争夺市场份额的恶性竞争现象。

频率幅度，持续性调控

也许贵司已面对现实，大幅提价。但在不断变化的大环境中，价格调整绝不是一劳永逸的。当今时代，价格调整必须要做到常规、及时、紧跟局势。

相比一次性大幅提价，频率更高的小幅涨价通常是更好的选择。大幅提价会让你失去大量的客户，相比及时、小幅的提价后果更严重。有些企业正盘算着等通胀结束后再一次性调整到位。这么做很可能导致客户流失，如意算盘落空。

即便是受期限较长、价格锁定，且无调整机制的合同制约，也不能轻易放弃调价的努力。如果坐以待毙，原材料供应短缺及成本上涨，企业很快就会难以为继。埃克特说，最近不少企业就如何解除此类合同找到了西蒙顾和。在此过程中，他们发现，如果企业高层主动联系客户，坦诚沟通当前的困境，客户往往能够给予理解，接受现实，同意重新谈判，并开始考虑如何将成本上涨的压力传导给他们的客户——产业价值链上的下一个环节。

从现在开始，所有合同中都应当包括灵活的调价机制。康泰伦特的商务负责人凯伦·弗林认为："即便合同没有到期，也可以重启谈判。我们跟客户沟通说，虽然有年度调整机制，但非常时期需要非常之举。在价格谈判时，我们也提出了涨价的具体理由。面对通胀挑战，我们一方面要苦练内功，降本增效，另一方面也要面对现实，跟客户重启价格谈判。"

IVL 公司在合同更新方面，也有类似的成功经验。该公司掌门人阿加瓦尔说，他们会在合同到期前，借助续约的契机，与客户沟通调价事宜。"鉴于通胀压力，我们在合同中制定了与 CPI、能源价格及天然气价格挂钩的调价机制。当原材料及能源价格上涨时，价格就能灵活调整，我们的利润也得到了保证。"

提升调价频率让应对突发事件挑战更加从容，比如过去发生过新冠肺炎疫情防控导致的主要供应商断供，货轮"卡死"在苏伊士运河引发的供应链断裂，还有海啸淹没了工厂引发的生产危机。2021 年 2 月，美国得克萨斯州异常寒冷的气温导致大部分塑料行业的企业停产，产品价格迅速上涨。如果作为工厂方，10个月后才想到通过谈判弥补之前失去的利润，那么客户是不会接受的，因为他们默认过去10个月你已经承受住了利润下降的影响。

调价手段，系统性丰富

对定价方法的系统性考虑，不应局限于价格本身，还应包括附加费、其他费用和条款条件。有的企业不愿采取收取附加费等措施，部分原因是附加费往往有点暂时性的意思。然而，在高通胀时期，上调附加费是快速提升价格、快速解决成本上涨、快速实现现金回笼的有效手段。通常整体调价需要三四个月，但上调附加费则可立即执行。有时只需首席财务官一声令下，就省去了销售团队的各种纠结。

想想俄罗斯封锁黑海港口对乌克兰小麦出口运输的影响。现在欧洲各国都在通过公路或铁路，加强乌克兰小麦运到欧洲的运力。可以预见，由于供应受限，不仅小麦价格会上涨，运输附加费也会重出江湖。

附加费还可用于特殊业务的价格调整，比如危废处理及非标准设备的运输等。在通常的服务收费的基础上，加上由客户支付的附加费，则可立竿见影，转化为利润。比如，有家用生态环保的方式处理制冷剂的暖通空调维修厂，就成功通过附加费提高了利润。

每当客户提出特别要求时，就是增加附加费或涨价的机会。无论是要求外观颜色从蓝色改为红色，还是要求阀门安装在左侧而非右侧，每个客户要求的背后都隐藏着他们的关注焦点以及愿意为之付费的核心需求点。

应对通胀高企，急需充分挖掘潜力，合同条款也可能成为增加收入及改善现金流的有效途径。为了降低不必要的开支，不少合同中包含未被执行的条款，比如最低订货量及最低载货量等。通胀之下，可以选择立即执行。如果新签或续签合同，在供应短缺的大势之下，应争取缩短客户账期，或要求客户预付以保障供给。这些措施是改善现金流的有效手段。

无论是收费名目，还是收费标准，都要跟客户坦诚沟通。不妨做出所有可能的附加费列表，然后再精简至五六项。要从客户价值的角度进行取舍，先问问自己，这项服务对客户来说究竟价值几何。比如，有家危废处理企业在制定附加费收费标准时，认为 8 美元比较合适，后来请西蒙顾和调研后发现，在客户看来，其价值高达 50 美元。

当举棋不定时，不妨做个试点，测试下客户的接受度。该公司就通过试点验证，成功实施了附加费。在附加费调整 6 个月后，仍有 85% 的客户在持续付费。

客群细分，差异化定价

基于客群细分的差异化定价是重要的调整方法，往往能让企业获益颇丰。当今时代，数字化工具能自动采集数据，并进行数据分析。将数据智能与高管及一线的观察思考结合在一起，企业能更好地细分客群，差别定价，聚焦重点。

2018年，一家户外用品公司迎来了新任一把手。在研究业务时，她发现尽管公司与不同客户的关系差别很大，但公司在定价方式及优质服务方面，对所有客户都一视同仁。发现问题后，她立即着手解决，开始研究设计一种基于客群细分的、更加快速灵活的新型定价机制。

第一，要能对原材料成本上涨做出快速反应。该公司设计了价格指数，无论是木材、钢卷还是聚氯乙烯（PVC）材料，一旦上游供应商表示即将调价，该公司就会立即做出相应的价格调整。第二，针对不同客群，根据二八原则，提供差异化服务及定价。对于规模最大、价值最高的客群，该公司延续了顶级服务，并参考上述机制，根据为客户创造的价值，进行定价调整。对于规模较小、因为价格低或者其他公司没有类似产品而选择购买的客群，则只提供有限的基础服务，并根据价格指数及上述调价机制，进行快速动态调整，直到产品售罄。

新的定价机制需要时间细致打磨，新的组织共识也需要时间夯实。在新任一把手的大力推动下，到2020年终于一切就绪，蓄势待发。就在此时，通胀来袭，木材、钢卷、PVC材料等一系列原材料成本开始飙升，推出新型定价机制真是恰逢其时。

从事后看，该公司未雨绸缪设计的新型定价机制，在应对通胀方面发挥了巨大作用。基于价值而非成本的定价机制，更有利于快速调整。比如，过去进货成本为100美元的库存商品，在当下出售时不能只看过去的采购成本，由于成本飞涨，现在要看今天购买时所需的成本（如150美元），并以此为基础，加成后再出售。

这种定价机制之所以成功，部分原因是以客户价值为中心，找准了客户的关注重点。此外，该公司在客户心中信誉极高，供货稳定性极好，这在供应短缺的时候更是弥足珍贵。因此，尽管有竞争对手试图通过低价吸引客户，但由于供货缺乏稳定性，订单经常被取消，客户非常闹心。对于某些细分客群，确保有货且稳定交付是比价格更重要的关键因素。

客群细分虽然费时费力，但这是走向个性化的必由之路。数字化工具固然很好，但客群细分不是光靠软件就能完成的。早在20世纪70年代，查兰在第一次访问国际商业机器公司（IBM）时，就对其庞大的定价部门心生好奇。他通过在那里工作的学生了解到，原来定价专家要与销售人员密切合作，根据每家客户的具体情况，量身定制定价方案。这家户外用品公司新任一把手的经营思路与IBM一样，她每周都会召开例会，全面深入地了解每家企业的情况，并据此聚焦价值最高的客户，进行差异化定价及服务设计。基于个性化，就有机会再进一步思考如何推动捆绑销售、如何优化产品及服务。

该公司的股东还有另一家公司，经营其他业务。在通胀来袭之前，他为两家企业制定了以息税折旧及摊销前利润为口径的利润目标。相比之下，该户外用品公司业绩可谓突飞猛进，一年内就做到了利润翻番，而且仅用一年就实现了原定五年才能实现的业绩增长目标。

销售减负，策略性聚焦

如果贵司已先发制人，开始快速频繁地调整价格，那么一线销售就得同步与客户快速频繁地沟通，才能把调价执行到位，把通胀压力尽可能地向下游传导。如果一切按部就班，高频的价格调整就会导致销售工作量激增，令团队疲惫不堪。通胀时期，必须策略性聚焦，才能有效地为销售减负。

自动调价机制即便只能覆盖部分客群，也能有效降低对销售团队的消耗。就像一位销售经理所言："有的小客户可能跟大客户一样难缠。"他们采取的调价方式就是策略性聚焦，对小客户采取自动动态调价机制，腾出销售团队的时间、精力，聚焦与大客户的沟通谈判。

面对通胀，价格调整不是万能的。通胀初期，成本上涨，产业价值链上的每家企业都会试图保持自身的收入及利润不受或少受影响，尽可能地把涨价压力向下游传导。但这样的压力传导不是无止境的，当价格涨到终端消费者无法承受时，他们就会"用脚投票"，寻找替代品或干脆不买。这就是所谓的"价格疲劳"。这种情况也许未必适用于所有领域，但肯定会在许多行业出现。

贵司无论处于产业价值链的哪个环节，当涨价不再行之有效时，都有三条路可走：第一，拉通产业价值链，寻找新的机会点；第二，刷新自身业务模式，创造新的业务价值；第三，着眼于客户，帮助客户创造新价值。具体怎么做，请见第五章及第六章。

第五章

积极降本,支撑发展

人才市场竞争激烈，康泰伦特公司想要抢到高度专业化的人才，除了提高薪酬别无选择。面对这一现实，其CEO约翰·奇明斯基发起了"总成本领先"的战略举措，在全公司范围内挖掘各个方面的降本之道。他组建了多个团队，探索全方位的可能性。第一个团队由人力资源负责人领导，专注于专业服务优化；第二个团队由质量负责人及一位科学家共同领导，研究实验室费用的节约；第三个团队研究制造材料；第四个团队研究生产设备和替换部件的维护；第五个团队专注于数字信息技术；第六个团队关注的重点是差旅和开支。

应对通胀时，公司总会遇到一些无法控制的成本，比如稀有材料、大宗商品价格，再比如由一线员工掌控的多种选择。无论具体是什么情况，都可以试着借鉴康泰伦特公司的做法：跳过具体的问题，以全局视角重新审视全公司的所有直接成本和间接成本，然后再思考如何降本。

只有把每一环节的节余累积起来，才能缓解不断上涨的成本压力。不过，不妨再退一步问问自己：有没有更彻底的改变，一举降低公司的成本或现金消耗？

降低成本的关键一步，可能需要超越原有业务边界，与产业价值链上下游合作，因为当产业价值链中的一个环节受到影响时，会带动其他环节随之变化。同时，还可以调整业务区域布局，其中包括人员部署及原材料采购等。

要记住，在应对通胀的同时，还要保障客户利益，夯实业务根基。必须把客户放在首位，力所能及地帮助它们渡过难关；与产业价值链上游供应商合作，帮助它们削减可控成本。

要敢于想象更宏大的蓝图，敢于推进更大胆的变革，通胀也可以成为公司跃迁的绝佳机遇。

既要又要，倒逼变革创新

新冠肺炎疫情和通胀严重影响了全球的鞋服等消费品行业，而这些领域供应链的许多参与者均来自斯里兰卡、越南、孟加拉国和印度等国家。由于消费需求急剧下降，现金流冻结，出口减少，这些企业及所在国家的经济受到严重损害。2022年中，查兰采访了其中几家企业的领导人，这几家企业大多在苦苦挣扎，但有一家处于鞋类供应链中游的中型企业却是个例外，该公司首席执行官告诉拉姆·查兰："我们看到了积极的一面，利用通胀凸显了自己的差异化。"

这位企业领导人知道自己的客户，也就是产业价值链下游的企业也深受通胀重创尚未恢复，通过提高价格以转嫁成本压力不是现实的选择。因此，他要求他的团队尽可能地削减成本，但也严正警告：不准为了降本去削弱业务竞争力，包括他们自己的业务，以及客户和外包供应商的业务。这就避免了典型的为削减成本而伤害业务的方案，激发了更有创造性的思考。

为了节省开支，他带领团队进行了一些内部变革，不仅有效地节省了资金，还提高了公司的运营效率。其中一项改革就是将组织层级从 9 层减到了 6 层。在重组开始时，他率先砍掉了最高级别的两层。当公司内部接受了这一变化时，他随即削减了中间层。不过，为了不干扰与客户直接接触并赢得客户信赖的员工，基层保持原样，没有大的变动。

跳出企业，着眼赋能上下游

这位企业领导人还敦促其团队将思维跳出企业局限，逆势求胜。"拓宽视野，我看到了公司的机会。我们不仅要考虑自己，还应关注供应商和客户，"他说，"竞争对手为了生存可能孤注一掷地开源节流。而我们若在这个时候加强巩固整个端到端的产业价值链，未来就是我们的。"

渐渐地，大家开始坚信：应该让产业价值链的上下游，即下游客户和上游供应商都变得更强大，和自己一起共赴繁荣。当看到生产要素（比如将原材料转化为零部件的汽油和燃料油）价格上涨，他们就预测一切很快都会随之涨价，于是会提醒下游客户做好准备，敦促客户专注于季节性采购，赶在成本上涨之前尽早下订单。他们认为，采取更严谨的预测方法，可以在整个供应链上减少库存和节省现金，并有助于防止成本增加和供应中断。

此外，该公司管理团队还努力帮助其外包代工厂优化制鞋流程，大约 50% 的制鞋成本产生于裁料和制作基本部件的环节。效率低下，成本自然上升；产能提效，成本就会下降。如果能有效帮助外包代工厂优化运营，降低成本，则能帮助客户更好地应对通胀带来的成本压力，改善应收账款支付，实现产业价值链上下游的多方共赢。

对于上游原材料供应商，该公司也采取了类似的策略。这位企业领导人解释说："关于赋能供应商，我们发现，如果能帮供应商优化产能，在同样的资产规模下，实现更高产量，就能进一步降低成本。这意味着，帮供应商优化产能，就是帮我们自己优化成本。我们的客户，以及我们客户的客户都将从中受益。"

面向全球，探索区域新布局

为了降低成本和改善业务，这位企业领导人也对公司的区域布局进行了反思。跳出对中国、印度、印度尼西亚制造商成本最低的固有思维，他觉得有必要去探索其他国家和地区。

他将视线投向了墨西哥和加勒比国家，在那里生产可以更快地将产品交付给美国客户。而美国是最大的产品市场，快速交货意味着不会积压太多某一季或某一种流行款式，也就减少了因产品过气而降价甩卖的可能性，从而提高了盈利能力。

调整岗位，推动协同新机制

这位企业领导人在重新思考区域布局时，也重新考虑了人员配置，继而对关键岗位进行了重大调整。

此前，负责管理大客户的经理都在亚洲各个生活成本较高的大城市工作，而生产工厂一般都在生活成本较低的小城市，这让客户经理远离了生产一线。于是，企业领导人让一部分人从高成本地区搬到了厂房所在的低成本地区，并制定了一套新的、更广泛的岗位职责。

这样的岗位调整，在降低成本的同时也解决了一个棘手的问题。

原先，这些客户经理的工作本质上就是拿订单。他们和客户签合同，再把订单扔给生产部门去执行生产。生产部门的人会有异议，比如"无法用现有成本结构来交付这个订单"或者"这个交货时间是不现实的"，但生产和销售之间缺乏协商，于是就产生了很多摩擦。

这位企业领导人解释说："因此，我们决定将每个国家的生产部门都作为一个独立的盈利中心，指派一个人对该国的所有订单负责。让这个人从高成本城市搬到工厂所在地，在当地发挥核心作用，负责处理所有订单，并根据不同客户的需求，权衡如何最好地优化资源配置。"

让了解客户的人去生产一线，很快就会成效显著。他说："如果客户经理长期在大城市，他就无法与生产变化同步。但如果他长期在越南，工厂里一旦有突发状况，就可能被扼杀在萌芽状态。还可以根据实时的、源于一线的真实信息调配订单，并对如何满足客户需求有深刻的了解，从而做出更好的决策。"

从这家公司的经验可以清楚地看出，在通胀高企的大环境下，企业在努力控制自身成本的同时，也得帮助客户应对不断上涨的成本，还必须与供应商合作，因为产业价值链这一端产生的成本会影响到接下来的每个环节。在这个过程中，光靠削减成本是不够的，还应该与产业价值链上下游的伙伴一起，共同探索创造价值提升的方法。在产业价值链上，各方都唇齿相依。

第六章

刷新模式，顺应变化

通胀效应环环紧扣，层层累加，全球消费整体下滑。某些消费习惯将永久改变，某些习以为常将一去不返。某些领域甚至整个行业将会萎缩，取而代之的是全新的领域。在贵司忙于调整定价、产品供应、成本和现金流时，蓦然抬头，也许现有业务模式已经走到了穷途末路。

要想在消费下降、增长放缓的新兴市场中蓬勃发展，推行新的业务模式就势在必行。等到一切都指向当前业务模式的衰败，才想起来关注这个问题，为时晚矣。扪心自问，贵司最赚钱的市场正在消失吗？所瞄准的新细分市场是否还在，价格是否不变？如果期待市场对贵司的需求恢复到原来的水平，可能在什么时候？贵司真的能熬到那时吗？在此期间会有更吸引人的竞品出现吗？汇总所有观察，分析数据趋势，现在就开始思考如何重塑业务模式。

很多人对于构建新的业务模式像应对通胀一样陌生。过去，不少企业领导人在其漫长的任期中，并不需要考虑改变业务模式，但时代不同了，刷新业务模式已成为必然。

需要牢记的是，即便企业领导人迟迟未觉察到业务模式正在瓦解，资本市场也早就留意到了。停滞不前或持续下降且未来没有转机的盈利情况，无疑会影响估值。与此同时，企业在员工福利和养老等方面的投入，也许还在被迫上涨。当资源日渐稀缺时，再试图谋求改变，恐怕会越发捉襟见肘。

业务模式刷新，要有大局观

当试图从诸如收入来源、客群组合、产品组合、区域布局、成本结构和盈利模式等各要素入手，改变业务模式时，如果恰逢颓势初现、盈利能力骤降，那可真是太麻烦了。

此时，能否正确理解形势，刷新业务模式，并且保持大局观，至关重要。如果只求短期盈利，就会失去客户和未来。在20世纪70年代通胀肆虐之际，有些饮料及食品企业虽然没有涨价，但悄悄缩小了饮料瓶及糖果棒的尺寸，企图蒙混过关。然而，客户明察秋毫，感觉受到了欺骗，那些公司品牌形象大为受损，业务一蹶不振了好些年。

但话说回来，如果成本上升，还以同样的价格为客户提供同样的产品，企业的盈利能力就会被侵蚀。如果是一家上市公司，投资人就会弃之而去。没有了他们的资金支持，没有了必要的资金投入，产品及业务质量也会下降，公司必将每况愈下。

为了赢得有购买力的客群，创新势在必行。你打算投入多少资金？数字化的确能减少浪费，降低成本，有助于个性化的产品和服务开发，增加收入和现金，还能让创新更便宜高效。但还是同样的问题：你将为之投入多少资金？

对业务模式的刷新，也得持续迭代，直到产品、客户和业务组合能符合盈利要求，为企业创造现金流、创造毛利、支撑关键投资，真正实现良性增长。

思考模式刷新,先从五个维度入手

没有任何商业模式是不变的真理。消费者行为会变,竞争对手的产品和服务也在变,你什么都没做,市场却已悄然被重新定义。准备好重新思考你目前开展业务的领域和方式吧。

客群细分

对现金的需求可能会迫使你放弃支付困难的客户,同时价格上涨可能会赶走一些客户。有没有你还未发现的新客群正在出现?有没有哪些客群需要被重新定义,以更好地理解他们的需求?

产品组合

用新时代的视角审视现有的产品组合。当消费者出手阔绰时，市场上往往会涌现各种版本的产品和服务。产品型号过多，会带来各种不必要的复杂性，不利于生产和现金的高效管理。是时候优化并简化产品线了！

生态构建

生态系统超越了传统的线性产业价值链，还包括关系网络和合作伙伴。苹果公司的生态系统就包括大量应用程序的开发者。构建生态的过程，也是审视过往合作伙伴是否优质的时机——它们是否有稳定的经济能力和竞争力？是否有办法扩展你们的关系以求双赢？你还有其他想与之合作的伙伴吗？不妨通过重新调整生态布局，与更多财务状况更稳健的生态伙伴开展合作。

区域拓展

考虑在哪里销售、生产、采购和搭建团队时，也要对地缘政治和货币汇率有所了解。正如 IVL 公司掌门人阿加瓦尔所说："在很多国家，都必须为防范汇率风险做好备案。你不能毫无准备，因为你要用现金交易。在当前动荡的市场环境下，像我们这样的企业在许多新兴国家开展业务时，稳健的风险管理（如外汇和信用风险）至关重要。"

杜邦公司的拉吉·拉特内卡说："在市场细分时，也应该分区域思考全球布局。例如，印度的通胀率可能保持与过往差不多的水平，但其他一些国家的通胀率可能更低，那么你希望在哪个地方发展更多业务？"

通过预测这些区域的收益增长及变化，企业可能会更倾向现金增长稳定、可持续的区域。观察市场的走向，考虑区域选择的长期定位。

业务布局

贵司如果旗下有多元业务组合，或正在考虑兼并、收购或剥离其业务，那么就需要对各业务应对通胀的表现进行重点考察。拉特内卡说："如果你相信你将在未来 10 年进入一个持续高通胀的市场环境，那么你必须围绕这一点做出选择。这将成为你投资工具箱中的一个工具，让你知道该在哪里出手、不该在哪里出手，以及哪些企业你想卖、哪些企业你想买。"

资源配置总是面临取舍。随着资金成本不断上升和持续变化，再加上资金供应紧张，今天的选择和过往就会完全不同。

拉特内卡解释说："在进行并购时，我们会研究市场趋势，哪里更适合长期发展，以及新的选址地在世界宏观局势中会如何演变。当选择在哪里部署资金、在哪里缩减资金时，要看到至少3年后的投资组合策略，比如哪些地区更有潜力，哪些类型的业务更有潜力，而且能带来实质性的变革。"

资金成本真的影响很大吗？拉特内卡说："无论采用哪个指标衡量资金成本，如内含报酬率（IRR）、投入资本收益率（ROIC）或净现值（NPV），资金成本肯定都会影响投资决策。当资金成本较低时，增速高的企业估值就高；当资金成本快速上涨时，比如短期涨了两三倍，投资就会更为审慎。如果增速高的企业估值下调与资金成本上涨基本同步，则无须改变投资战略；如果估值不能同步下调，我们则更青睐增速稍慢但现金流更好的企业。"

再思考创新，这是必须的

创新是必须的。无论经济稳定向好，还是通胀、衰退甚至滞胀，为客户提供更好的服务是永无止境的。在成本不断上涨的当下，想要证明更高的价格是合理的，就必须创新。拉特内卡说："如果你只是不断涨价而产品在原地踏步，那么到了一定阶段，你就会被客户抛弃，或是被对手超越。"

创新项目可能有很多，这时就必须筛选，以创造现金为先决条件，决定哪些最为重要。优先可以快速执行的项目，实现短期收益。在筹划项目消耗现金及预计创造现金的时点时，要实事求是。对于长期项目也是如此。选择在新的经济环境下仍能成功的项目，并坚决投入。

更高的资金成本和现金压力增加了决策风险，因此决策应从多维度出发。比如，事关新产品或新功能的研发决策，销售和营销团队即便没有决策权，也应参与提出意见，把市场及客户的相关信息带给研发团队，作为重要的决策参考。当然，客户也可以成为很好的合作伙伴，应该在他们看重的功能或设计升级中提供指引。

再思考数字化，这也是必须的

通胀之下，各方面资源消耗增加，但数字化可以扭转不利局面。即便资源极为有限，也至少要从局部入手，推动数字化。也许你会觉得：都什么时候了，哪能投入这么多资源来搞数字化！但这么想是不对的。

第一，数字化并不必然是耗资巨大的"十年磨一剑"项目。许多程序是现成的，获得成本较低，并且几个月内就能实施，而不是想象中的几年。一个独立的短期项目就可以解决业务的关键痛点，从而推动企业安然度过通胀或衰退期。它可以减少现金消耗，增加收入，提高利润率，为下一次改进提供资金。

第二，数字化能大大提升你的竞争力，并将颠覆业务模式。亚马逊、网飞和脸书等公司都告诉我们，产品或服务越数字化，毛利率越高。这就是收益边际效应，也就是说，当大部分产品或服务（比如软件和视频流媒体服务）数字化时，每增加一个单位所需的销售成本将非常小，甚至接近于零。毛利率将呈指数级增长，带来源源不断的现金，仿佛一台印钞机。更重要的是，数字技术能为消费者个人提供个性化的推荐和产品，使客户价值与股东价值同步增长。

第三，算法能在微观层面细分市场，更准确地预测需求；通过实时汇总及分析信息，助你更快做出反应。

拉特内卡说："从低通胀进入高通胀，环境迅速变化。过去，一名分析师花三四天把数据整理成一份漂亮的报告，就能让我们很满意。但现在，我们必须更频繁地查看数据，不可能再依靠人力处理。因此，我们在数字化工具上投入了大量资金，这些工具可以动态展示当前的运营指标，如原材料和运费的当天或实时价格。所有经营决策都将基于这些数据信息制定。"

数字化还能帮助农业企业降低需求误判，避免生产浪费；帮助科技公司加速创新，更快变现；帮助银行精确挖掘潜力，发掘新客户。这些举措都能帮助企业降低成本，节约现金。

相比上市企业，家族企业或私募基金投资的非上市企业对收入的暂时下降不那么敏感，更有可能在当前的宏观环境中借势超越，实现领先。它们可以保持价格不变，加强客户对它们的信任，并在创新和数字化项目上持续投资。它们的选择对其他企业也有启发，即管好成本、做好定价以及投入数字化，并让投资人了解，你正在成本上升的情况下努力维持稳健运营，构建持久的股东价值。

实战案例：TVS公司如何刷新业务模式

印度 TVS 公司是一家生产销售两轮及三轮摩托车的大型企业，总部位于班加罗尔，其约 40% 的收入来自海外。多年来，行业持续繁荣，业务蓬勃发展。与许多投身于新兴市场的印度公司一样，TVS 公司已经习惯于行业强劲的增长速度，因此，当成本开始上涨、某些市场的需求开始下滑时，它并没有完全做好改变的准备。

但 2022 年初，公司掌门人苏达香·韦努带领团队开始行动了。他告诉我们："坦率地说，当成本开始上涨时，我们并没有围绕通胀来调整规划，只是一如既往地专注于降低成本。但查兰一篇关于通胀的文章让我深受启发。随后，我又花了好几天时间，做了更多的相关研究，终于认识到，仅努力降本是远远不够的。"

之后，TVS 公司做了一系列工作，带来了客群细分和盈利模式方面的重大变化，进一步推动了业务模式的革新，最终战胜了通胀。

细分客群，加速创新

韦努意识到，通过涨价把成本上涨的压力传导给消费者，总会达到天花板，因此开始更细致地审视市场：TVS公司在哪些市场有充分的定价话语权，可以接受幅度更大的涨价？哪些客户已经不再具有持续服务的价值，应该舍弃？

低端大众市场正在萎缩，竞争对手虎视眈眈。一方面成本持续上涨；另一方面过剩产能必将进一步削弱各家的定价主动权，将市场拖入衰退或滞胀的境地。

因此，应该聚焦于更小、更有盈利空间的细分领域。

韦努注意到，只要产品足够卓越，许多客户仍然有足够的消费能力和意愿，而TVS公司具有生产这些产品的实力。要想服务好这些客户，就需要公司像过去一样不断地创新，当然，也要充分考虑通胀的影响。

"降本不会阻止我们创新的脚步，"韦努说，"我的父亲在创立公司之初就强调，创新是企业文化的核心。我们通过创新推出更多优质产品，使它们配得上更高的价格。但与此同时，质量与价格必须保持平衡。如果价格不变，而产品质量缩水，那客户利益就会受损，我们绝不想这样。我们希望开发出客户想要并愿意为之买单的功能。如果产品功能太优越，而价格无法定到与之匹配的高度，那我们就必须做出取舍，专注于客户真正想要的功能。"

集中研发力量在利润空间更大的领域，将大大提高利润率，因此 TVS 公司推出了更多高端车型。一些高档功能不再应用于入门级产品。

通胀当前，研发速度也至关重要。成本上涨也会让研发部门自我施压，加快开发及发布新品的脚步。创新迭代的速度不断加快，现金流入也随之加速。

经销模式，彻底变革

筛选完客户，韦努又开始考虑 TVS 公司的经销商体系。早在两年前，他和团队就对其经销商进行了整体分析，他们惊讶地发现："过去的赊销模式占用了大量的流动资金，因此必须做出改变。"

"其实，银行流动性充裕，不仅资金实力远胜于我们，也有放贷意愿。因此，我们改变了经销商政策，改为现款提货、货运自理的方式。经过两年的持续推动与执行,事实证明这个决策非常英明。与此同时,我们积极帮助经销商与银行等金融机构对接,支持他们自主融资。"韦努说。

这一政策改变也弥补了过去的薄弱环节,比如经销商动力不足的问题。现在的现款提货让经销商必须得到金融机构的资金支撑,从而更有积极性提升销量,增加收入,加快资金周转。韦努说:"为了获得融资,他们必须维持健康的资产负债表,随着通胀发展,他们则必须管理好自己的成本控制。补上这些过去的缺口将有助于整个价值链应对通胀。"

业务模式,焕然一新

面对通胀以及低端大众市场增速放缓的双重冲击,TVS公司通过对客群细分、产品组合、产品研发、产业价值链和盈利模式等各要素的积极调整,整体刷新了业务模式,不仅为自己,也为整个行业找到了逆势发展、提升经营利润率及加强财务稳健性的方法。

韦努解释说:"现在我们加快了创新进程,推出了一些颇有市场需求的新产品,经销商网络运转比以前更高效,产品能更快地送达消费者手中。因此,市场份额一直在稳步增长。"

TVS公司增长速度一直领先于市场,市场份额创下历史新高,更加高端的品牌形象也日渐深入人心。

韦努进一步补充道:"产品大受欢迎,经销商首先获益。我们不再为他们的库存垫付自己的资金,现款提货的方式也让他们在财务上变得谨慎。可以说销售渠道完全适应了通胀。"

TVS公司对产品、客户和经销商的微观市场细分,加上对高端产品的创新,使其可以自主定出更高的价格。尽管在低端大众市场的份额变小了,但公司整体经营更健康了。这些成果都得益于这段时间以来的削减支出,专注精品,加速研发,强化品牌。可以想见,当通胀消退时,TVS公司能实现更好的良性增长。

除了这些成绩,TVS公司在算法及数据分析上的持续投入,未来也将成为公司新的核心能力,不断优化微观市场细分,持续支撑更多更好的创新。这才是韦努的关注重点:"我们希望更科学地利用结构化数据,为选择哪些客户、如何满足客户,以及哪里还能节省资源等重大决策提供精确引导。"

第七章

穿越通胀，人人有责

通胀对企业的影响是全方位的——这样的认知升级是穿越通胀的必要基础。但仅有认知还不够。穿越通胀，制胜未来，需要组织上下齐心协力，需要各个环节众志成城。立刻行动，不仅能降低通胀影响，还能增强企业实力。待到大势转好，即可再展宏图。

本章将从企业领导人，财务，销售和营销，运营，采购及供应链，IT及数字化，研发，公关及投资者关系，人力，董事会10个关键环节，逐一阐述其各自在穿越通胀中的重要职责及重点工作。

穿越通胀，人人有责，人人都能做出巨大贡献。

企业领导人

作为企业领导人，你有两大职责：领导业务和领导团队。两者密不可分，尤其在通胀、衰退和滞胀时期，忽视其中任何一方面，都是重大隐患。即便你还不是一把手，只是业务或职能负责人，以下内容也同样适用。

作为企业经营的第一责任人，你要高度关注以下四大重点。

现金管理

本书第三章详细阐述了"流动资金、资本支出及负债水平事关企业生死"。在通胀高企之初，不少企业破产，根源就在于此。对现金管理，你必须提高警惕。要与财务负责人紧密合作，以现金视角，制定业务规划及重大财务决策。

价格调整

尽管定价对专业技能要求很高，但你也不能甩手不管。你必须理解定价的底层逻辑及框架方法，确保调价决策能在自身及客户间形成双赢。你必须亲自参与销售和营销工作，确保调价决策及执行既快又准。对于那些迟迟不能落实调价的负责人，要果断撤换。危急时刻，时间不等人。为了保持盈利，你还得重新审核重点合同，一旦发现危及现金流的条款，就必须立即调整。必要时还得亲自出马，重新谈判。对此，你要敢于出手。

模式刷新

优化现金流及调整定价水平，可能意味着必须相应地优化市场细分及调整客群选择；降本节支，可能意味着必须改变业务重点；关注竞争对手，可能意味着在对手犯错时必须快速把握机会窗口。穿越通胀，维持经营，的确需要投入大量时间和精力；但作为一把手，你必须始终立足长远。

运营管理

要与运营负责人紧密合作，时刻掌握成本变动、供需匹配及问题解决的动态变化。对于制造企业，运营条线管理着大量一线员工，最了解员工动态及薪资情况。在向投资人披露相关信息时，不妨多听听运营负责人的建议。

凝聚人心

在如此动荡的大势之下，你要成为企业的主心骨。用强大的精神意志帮助大家面对现实，激发大家快速行动；用强大的组织能力，构建诸如"作战室"、高频沟通等必要机制。

你要改变心智模式，以身作则，做好表率。大势向好，企业领导人大多关注损益表，看重盈利（如净利润、每股收益、息税折旧及摊销前利润等）；大势艰难，你要高度重视资产负债表，尤其是流动资金、账面现金、融资及再融资金额。提醒自己，随着通胀高企，同样数量的销售会在账面上造成收入增长的假象。

你要谨慎投资，合理配置资源，赢回市场份额。也许一路走来，你的职业生涯一直顺风顺水，收入不断增长，盈利不断提升。但现在形势变了，你必须采取收缩策略，缩减规模，放缓增长，砍掉"烧钱"的业务，放弃亏损的客户。这些之前鲜有尝试、看似有些风险的策略，却是当下的必要之举。先改变自己，才能影响他人。

你要稳定情绪，做好动员，激发斗志。企业日常沟通大多分部门、分地区、分团队进行，有些还是线上的。这种竖井式、碎片化的沟通方式，在巨变之下，很难统一思想、凝聚共识。

沟通的形式与内容同样重要。数字化的线上交流，面对面的线下沟通，或由你亲自主持的会议研讨，都可以考虑去做。不妨参考以下建议，构建适合贵司的沟通机制。

- 沟通相关信息，提出建议想法
- 鼓励多维思考，形成多种备案
- 相互认真倾听，相互激发探讨
- 敢于直面冲突，快速解决矛盾
- 带头以身作则：态度开放，行动迅速

通胀高企，自然引发焦虑，坦诚沟通是平复情绪的良方。你既要营造紧迫感，也要传递自信心，相信一定能找到应对之道。

在沟通时，不妨以"新时代，新挑战，我们必将穿越通胀"为开头，然后再讲具体的路径方法。在此过程中要坦诚。如果已计划削减成本、调整指标，那么直说也无妨。对于坏消息，不必过虑，不要隐瞒。要让大家放心，这样的决策不是鲁莽行事，而是胸有成竹。

此外，还要让员工及时了解公司情况，比如及时更新公司内网、经营数据、央行公告及统计数据。让大家与你保持信息同步。

> **企业领导人的重点工作清单**
> - 改变一味追求增长的心智模式
> - 高度重视资产负债表，降低负债
> - 刷新商业模式，重新评估投资规划
> - 凝聚人心，与员工公开坦诚地高频沟通

财　务

通胀对企业财务的影响可谓翻天覆地。业务的每个角落都会感受到现金压力，因此财务负责人必须积极参与到几乎每一项业务职能中。你不仅要有力推动价格调整、合同重订和库存控制，还要重新审核资源配置及经营决策中的各种业务及财务假设。最重要的是，必须确保管理层每天对公司现金流状况都有清楚的了解。

你应该充分认识到第三章提到的现金陷阱，让财务与业务紧密合作，确定合适的库存水平，平衡客户与现金流管理的要求。你要成为生产、采购、销售和营销之间的桥梁。

财务还应在应收账款管理方面发挥更大的作用。通常，催收工作是由财务部门下属的某个小团队负责的，人数、职级及影响力都有限。鉴于应收不利可能造成的重大现金流风险，更为明智的做法是，请某位财务干将担此大任，直接向财务负责人汇报。

鉴于定价对公司短期经营（现金流角度）和长期经营（留住客户角度）都至关重要，财务必须参与价格制定和合同条款的决策。你要安排专人进行定价分析，让其与销售和营销部门紧密合作，共同评估客户订单的真实盈利及现金流状况，以及客户自身的财务情况和违约风险。

财务还应当协助业务领导，更新重要的业务及财务假设，重新规划预算及资本支出；对已批准的预算及资本支出也要重新审核。在制定预算时，要高度关注那些过于乐观或保守的业务领导可能会出现的偏差。

作为财务负责人，内部沟通越多，影响力越大。如果能从财务角度让大家看到企业经营的真实情况、所面临的主要风险，以及相应的解决方法，不仅对一把手有帮助，还能在全公司营造出众志成城的组织氛围。

除了对内，你还要与外部投资人做好沟通工作。在大势动荡、前路未卜时，投资人特别渴望了解情况，便于更好地判断企业短期及长期的发展前景。根据投资者关系及治理咨询公司 PJT Camberview 数据，在新冠肺炎疫情暴发之初，40% 的标普 500 上市公司撤回了原先发布的业绩指引,到 2022 年第一季度,95% 的标普 500 上市公司重新发布了业绩指引。

即便通胀高企,不确定性增强,业绩指引的参考性有所下降,资本市场也仍然非常看重业绩指引。投资人迫切地想知道:公司计划如何应对通胀?对于可能出现的衰退或滞胀做了哪些准备?业绩指引是基于哪些预测假设的?在与投资人沟通时,定量指标要前后一致,定性分析要实事求是,充分考虑通胀的累积效应。

财务负责人的重点工作清单

· 确保资金链安全

· 优化流动资金管理

· 重新评估各项假设

· 做好与投资者的沟通

销售和营销

如果你是销售和营销条线，请重温第四章，把调整定价牢记于心。忽视调价的时机和幅度会危及现金流，让公司财务被动落后，最终失去竞争力。定价事关重大，销售不能独断专行，必须结合详细的财务分析，了解每家客户的真实收益，抓住经营细节中的信息。这些可能关系到企业生死。

作为销售和营销负责人，你必须清晰了解有哪些选择，对新的定价方法保持开放的态度。为了配合定价，要做好市场细分工作，必要时要和其他部门联手。

一旦调价势在必行，即便对手没有跟进，也要敢为天下先。要对一线销售讲明利害关系，调整激励政策，大力推动销售与客户沟通。

培训也是帮助销售和营销人员应对通胀的好办法。例如，查兰的咨询客户——一家零售公司，为了向其最大客户之一沃尔玛提高价格，特地请了一位沃尔玛前高管和团队进行角色扮演，经过充分培训再行动。此外，也可以多请教公司里其他已经成功与客户达成涨价共识的业务同事，听取他们的建议，也可以减少恐惧。

销售和营销负责人的重点工作清单

- 做好客群细分及利润分析
- 全面升级定价方法
- 通过数字化，收集竞争对手数据
- 根据新的客户动态，做好相应培训

运 营

在制造业中，运营是应对通胀的关键，但往往因职权所限，看着原材料及能源成本不断攀升，为保持盈利，只能从生产环节中东减一点、西抠一点。

好的运营会未雨绸缪，从大局思考如何降本节支。ReNew Power 是印度新能源领域的领军企业。关于运营团队应如何帮助企业穿越通胀，该公司首席运营官巴尔拉姆·梅塔谈道："如果利率上涨，负债成本飙升，运营应判断能否通过现有设备的维护升级，替代原定的固定资产投资，用更少的运营费用投入，替代金额巨大的资本支出。考虑到通胀的累积效应，这样的'鸟枪换炮'可节约大量资金。"

好钢要用在刀刃上。运营部门可能会大力提倡技术投入。当今时代，即便是大公司也很少从头开始自行研发数字技术。随着大量第三方软件供应商的崛起，企业能以更低的成本、更短的时间，获得更好的数字化加持。梅塔说："根据我们的经验，数字化能在最佳库存水平、最佳资源利用、解决瓶颈问题等多个环节帮助运营优化。"

运营提效可从小处着手，积少成多，从量变到质变。梅塔接着说："一把手和财务负责人应专注于更大的成本开支；运营要每天关注指标看板，密切跟进五六十个经营指标，持续优化日常经营。通过数据驱动，快速发现问题，快速解决问题。"

对于哪些资产要剥离、哪些业务要关停，运营部门的洞察和见解非常重要。你要主动表达自己的观点，在不同程度的财务压力下，制定备选方案，并与最高管理层分享。

运营应保持与一把手的持续沟通，这一点非常重要。原因有两个。

一是帮助一把手了解一线员工对通胀的反应。在制造业，大量一线员工由运营负责，运营与一线的联结最直接、最紧密，最了解他们的薪资水平、奖惩办法和员工士气。

二是让员工及时了解企业现状和发展方向。梅塔说："运营可以通过交流来激励士气。要告诉员工，通胀虽然很严峻，但我们要敢于直面通胀，努力穿越通胀。"

运营部门的观点与计划对销售和营销部门也很有用。

梅塔发现，他的团队在客户中有很好的口碑，可以为销售团队提供巨大的支持。

此外，还要把这种良好的口碑带给投资人。运营应告诉投资者关系部门，为了应对通胀，他们已经做了什么、正在准备做什么。

> **运营负责人的重点工作清单**
> - 优化资本支出与运营支出
> - 通过数字化，持续降本增效
> - 成为一线员工和管理层之间的桥梁
> - 提升企业信誉，助力投资者关系

采购及供应链

在风平浪静的日子里，采购工作往往不那么受重视，常常被认为技术含量有限。公司只是希望采购部门能拿到最大折扣，至少采购成本不能比最大的竞争对手高。但时至今日，原材料成本上升加上关键资源短缺，采购的重要性日渐凸显。

作为采购负责人，你要尽可能地控制成本，同时也要确保供应。在充满不确定性的今天，要做到这一点并不容易，光是所购材料何时运抵、成本几何都是未知的，还要掌握供应短缺的确切情况。正如一位企业领导人告诉我们的那样："无论我们对关键原材料供应短缺的预期有多严重，现实都比我们预想的更糟糕。部分供应商的部分货品，比如钛、钼、钾，来自乌克兰或俄罗斯，的确难以准确预估它们会受怎样的影响。不过我们正在尝试评估可能会发生什么情况,以及会如何影响我们所依赖的二、三或四级供应商。"

采购需要与供应商合作,收集尽可能多的信息,并与公司内的相关部门分享。这样,产品研发部门可能需要寻找替代设计或配方,营销部门可能需要提高价格,销售部门则可能需要暂停推销公司目前无法生产的产品。

采购也需要加快步伐,尽快锁定数量及价格。采购负责人应尽可能直接与一把手商议,简化决策过程,加快审批速度。

> **采购及供应链负责人的重点工作清单**
> · 确保供应链安全稳健
> · 全面收集各方动态信息
> · 帮助管理层把握局势
> · 关键时刻果断决策

IT及数字化

作为公司IT及数字化负责人，无论过去推动数字化多么受挫，还是保持现有系统正常运行多么艰难，现在都必须开阔视野，重新聚焦。此刻，企业在应对通胀的过程中，需要数字化在多方面赋能：从整个产业价值链中挤出空间，提高生产效率，降低成本；分析客户数据，支撑动态定价，确保盈利。企业要想快速做出反应，就必须有实时数据的强有力支撑。这一点唯有数字化才能做到。

你还要与管理层讨论，重新调整各项工作的优先级，先从周期短、见效快的项目入手。如果你曾构想，在短时间内加速推动数字化转型，那么现在就是绝佳时机。而且，随着第三方数字化解决方案供应商近几年蓬勃涌现，数字化外包行业正在兴起。建议不妨找第三方合作，在几个月内，以1/10的成本，把原先需要几年的数字化项目搞定。

相比第三方，内部的 IT 及数字化团队可能很难如此敏捷、低成本地完成同样的工作。

与此同时，你还要抓住机会，通过相关阅读，联系相关企业，深入了解外部的最佳实践，并积极寻求帮助。比如，印度建筑材料企业 L&T 公司借助数字化，优化了应收账款管理；再如，中国香港利丰集团借助数字化，优化了供需匹配，也优化了库存。这两家企业都成功降低了对流动资金的占用。

数字化对业务的诸多益处不言而喻，在新冠肺炎疫情防控期间更是功不可没。比如，那些有线上电商能力的零售企业在疫情中的业绩表现，远超固守实体店模式的竞争对手。

通胀当前，各项成本高企，资源相当有限。在这样的大环境下，对数字化的投入，无论具体形式是资本支出还是运营费用，都要极为谨慎。如果还有没收尾的项目，一把手很可能不会同意再开新项目，那么不妨换个思路，自谋生路。例如，选用优秀的第三方供应商，让其在几个月内交付成果；把该项目创造的业务价值，作为下一个数字化项目的启动资金。

IT 及数字化负责人的重点工作清单

- 深刻理解当前的业务重点
- 从周期短、见效快的小项目入手
- 高度重视业务价值,切实帮助业务成功
- 借助外部伙伴,持续降本,持续提速

研 发

应对通胀压力，研发部门也不能置身事外。通常，企业穿越通胀的第一步，就是重新审核面向未来3~5年的研发投入。

如何平衡长短期项目，的确不易。每家企业都有着眼未来的所谓"蓝天"计划，在内部神圣不可侵犯，因为它们代表着公司的未来；但在成本飙升的现实条件下，企业也要靠短平快的微创新，支撑业务经营。长期项目未来可能会有重大突破，而对产品及流程的微改进，不仅能为客户创造价值，还能证明涨价的合理性。

资金极为有限，必须有所取舍。然而，削减长期项目预算，很可能意味着放弃潜在突破，失去研发人才。即便勉强维持，一旦竞争对手高薪挖人，优秀的研发人才也会离你而去。

作为研发负责人,你应与一把手及财务负责人深入沟通探讨,对项目存续及资源配置进行统筹规划。项目的优先级,应依据其在后通胀、后衰退时代对企业的价值大小重新排定。

在资源利用方面,研发也可以更灵活变通。比如,与其他企业开展合作研发;再如,"内部活水",帮研发人员在企业内重新安排。

这段时间,其他企业的日子也不好过,也会有人才因项目被叫停而流失。对这样的问题,你要时刻留心。

研发还应与营销紧密合作,在能快速实现商业变现的领域,聚焦发力。此外,你还要对客户需求及其偏好优先级的变化高度敏感。精准捕捉相关变化,快速推动研发创新。

如今做研发,必须砍掉花里胡哨、华而不实的噱头。精准定义核心功能及价值点,利用新技术,持续优化产品,改进流程。

研发负责人的重点工作清单
- 上马短期项目,迅速变现价值
- 保留关键人才,构建长效机制
- 更具创造性地用好有限资源
- 把握客户动向,聚焦核心诉求

公关及投资者关系

通胀已来，衰退还会远吗？衰退何时会来，会有多严重？这些具有高度不确定性的问题，让公司内外一片焦虑。此时，公关及投资者关系等对外沟通的部门，应借助全国及地方媒体，大力传递积极信号，即在当前局势下，企业依然保持务实态度，业务经营依然稳健有序；面对记者及编辑的提问，要做好准备，要能为大家讲解企业目前的经营状况及业务规划。

作为相关负责人，这意味着你不仅要深入了解宏观大势及行业现状，还要与管理层一起持续跟进最新动态。对外传达的信息必须准确具体，否则在这样焦虑感爆棚的大环境下，你很快就会失去投资人的信任。

对于备受关注的常见问题，你要把应对话术烂熟于心。比如，对当前经济态势，公司怎么看，计划如何应对？

具体到投资者关系部门，面临的问题会更多。作为负责人，你必须与财务及相关部门紧密合作，深入了解各项经营指标的情况及其将如何受通胀及衰退的影响。ReNew Power公司的首席运营官巴尔拉姆·梅塔建议，要花时间与运营条线交流，甚至可以邀请运营负责人与投资人直接沟通，因为运营通常非常值得信赖。

关于涨价，销售会与客户直接沟通，但投资人关注的不光是涨价本身，还有涨价背后的原因，以及降价对市场份额、业务增长、公司估值的影响。他们担心，涨价会冲击市场份额，给竞争对手以可乘之机。你必须与销售和营销条线紧密合作，深入了解实际情况，这样才能与投资人据实沟通，通过具体案例细致说明公司在哪些方面做了价格调整，以及这些调整预计会产生哪些影响。

多跟买方投资人沟通，向他们学习，看看他们是如何分析思考的。比如，在他们看来，行业正在发生哪些变化，其他企业在定价方面有何举措。还要关注他们的行为变化。比如，他们正在转向哪些细分领域。这些变化，往往预示着通胀对宏观经济及行业格局的影响。一定要在内部主动分享相关信息，说不定其中蕴含着预警信号。

有些企业非常重视与关键投资人的沟通，一把手会亲自出马,主动询问投资人对大势的看法。在听取对方的见解之后,顺势引出自家观点。

与投资人建立良好的沟通互动,是投资者关系部门的重要职责。要重点关注那些在后通胀时代,对公司继续支持且大量持仓的大型买方投资人。

> **公关及投资者关系负责人的重点工作清单**
> · 深刻理解宏观大势下的企业对策
> · 全面摸清企业的相关规划及举措
> · 充分准备,清晰解释重大价格调整
> · 积极交流,把握投资人的所思所为

人 力

过去的岁月静好已一去不复返。人力负责人要重新评估，在新形势下，关键岗位上的关键领导是否还能胜任。现在，这些领导必须深刻理解环境变化，主动调整心智模式及工作习惯。例如，他们能否主动出击，能否灵活调整，能否从大局出发，把已获批准的部门预算及相关资本让出来？

查兰曾多次提到2%法则，即企业中2%的关键人才，对经营结果有98%的影响。找准关键的2%，剩下的交给他们去搞定。作为人力负责人，你要与一把手紧密合作，做好识人用人，找到艰难时刻堪当重任的关键领导，与他们持续深入沟通，确保他们对时代变迁、现金管理、目标变化等做出必要改变，真正理解到位。

必须认识到，有些关键岗位的领导人，很难做到与时俱进，很可能不能胜任未来的工作。对此，你要面对现实。

一方面，要有勇气，把这些不能适应变化、还在苦苦挣扎的在位领导识别出来；另一方面，要有慧眼，把那些能够再前进一步的具有高潜能的领导挖掘出来。有位高管坦言，"迫不得已，我们更换了多位主要领导。他们无法适应变化，不能快速调整。形势不等人，如果再不更换，企业经营就会遭受重创"。

每家企业都必须降本增效，裁员很可能在所难免。对此，你要妥善处理，否则就会被媒体放大成公司经营不善或前景堪忧，或是被竞争对手利用，闻风前来，下手挖人。即便是形势严峻，也要对员工以诚相待，给予他们尊重，帮他们解忧，留人留心至关重要。

让员工知情，帮他们理解通胀及衰退对企业经营的潜在影响，也可以缓解焦虑情绪。对此，你要做好相关培训，帮大家构建对通胀的整体认知，思考穿越通胀的具体举措，比如定价调整对改善现金流的巨大作用，这很可能会让大家眼前一亮。这样的培训最好请高管亲自讲授，现身说法能极大地提振信心。

IVL公司前人力负责人罗伯托·贝蒂尼就针对采购和销售条线，推出了相关培训。他介绍说："比如，在销售培训中，我们帮助销售从服务水平、质量要求、合作关系等多个角度,综合考虑合同制定,避免与客户谈判时只谈价格。这是常见的大坑,必须避开。"

人力负责人还要在优化业绩指标方面有所贡献。如果各部门的业绩指标仍然各有侧重,你就要推动跨部门的拉通对齐,因为业绩指标就是指挥棒,确实能发挥引导作用。你要帮助大家理解,在应对通胀的大背景下,指标刷新及激励调整都是必然之举。过去,激励机制往往只与经营利润挂钩,但在高通胀时期,现金流事关生死,激励机制必须围绕现金流进行优化,至少要兼顾现金流、经营利润、流动资金和客户满意度。

为了赢得各级领导的支持,在设计薪酬及激励机制时,就要邀请他们参与意见。无论他们支持与否,人力负责人至少要做到公开公正。

短期内,通胀还会造成部分业绩虚高。因此要快速区分,哪些业绩是真好,哪些只是虚高。比如,通胀带来的价格上涨,会导致同样数量的销售在金额上显得增速喜人。对此,人力要与财务紧密合作,对业绩结果做到去伪存真。尤其是在资源紧张的情况下,不辨真伪、错误激励,会导致真正的人才流失。

此外,如果企业为了求生存,不得不大幅调整区域布局或业务模式，进行关停并转，那人力也要做好配合及善后工作。与此同时，还要关注其他企业状况，如有经营不善，则这也是个挖人的好机会。

人才对所有企业都至关重要，因此董事会应当充分知情。你应主动向董事会汇报相关工作，让他们了解人力对通胀、衰退乃至可能发生的滞胀已做好准备。这么做会帮你赢得董事会的尊重。

人力负责人的重点工作清单

- 形势变化，适者生存，精准识人
- 非常时期，各项调整，都要公正
- 考核激励，及时更新，拉通对齐
- 善用培训，提升能力，缓解焦虑

董事会

在形势大好的时候，董事会通常倾向于在既定的战略框架下，给管理层更多的自主空间，尽量不插手企业经营。但是，面对通胀，董事会不能袖手旁观，必须躬身入局，督促管理层下定决心，快速行动，共同穿越通胀，一起抵御可能伴随而来的衰退冲击。

如果贵司一把手还没有行动起来，作为董事，你必须挺身而出，大力推动。立即发起董事会特别会议，即便不能参加线下活动，也要在线上召开，就通胀及衰退进行专题研讨，深入分析外部环境变化对企业经营的潜在影响，深入探讨管理层就不同的预期情况制定的应对之策。还可以：邀请外部专家参会，帮大家发现思维盲点，发掘被忽略的重大风险；邀请其他企业领导人参会，分享应对通胀的经验。

现金管理问题可能比想象的来得更快。不要想当然地认为，管理层已未雨绸缪，提前做好了防范措施。你要深入了解，管理层具体是如何解决现金流及资金配置的相关问题的。即便没有亲历过通胀高企，也要深入思考，提出好问题，成为管理层的好教练。下列问题供你参考：

- 如果通胀率从 X% 上升到 Y%，会对流动资金产生什么影响？
- 从流动性及资金链安全的角度看，公司面对的三大风险是什么？
- 哪些领域的数字化，能在未来 6~9 个月为公司创造更多现金流？
- 从哪些环节可以挤出更多现金流？
- 哪些因素会颠覆现有的业务模式？

变局之下，速度制胜。如果管理层目前还没回答这些问题，那就鼓励他们接着分析思考，继而找到答案。至于管理层的预测是否务实、是否考虑充分，可以邀请外部专家提出参考意见。

除了督促管理层，董事会也要提高紧迫感。

一是业绩目标。环境变了，企业就得随之调整，未来一两年的业绩目标也应调整，这样才能指引管理层做正确的事。在制定业绩目标时，常见的误区是没有现金口径的目标。高通胀时代，只看利润，即每股收益或息税折旧及摊销前利润，不关注现金，这是非常危险的。此外，在审核未来两三年的业绩目标及业务规划时，也要充分考虑到通胀的累积效应。

二是财务状况。要制定数据看板，持续跟进财务情况。如果企业流动资金紧、利润水平低、债务水平高，那就更得加倍小心。

三是管理层状态。虽然不能量化，但董事会也要高度关注，尤其是管理层的紧迫感。一旦发现一把手或高管团队行动迟缓，就得及时提醒。比如：对于价格调整，对其重要性是否有深刻的认知，对其落地执行是否真正重视，速度够不够快，态度够不够坚决；一把手或销售负责人是否担心涨价会失去市场份额，在面对大客户时，是否需要董事会的帮助。如果发现执行过程中遇到困难或障碍，董事会要出手相助，共克时艰。

四是通胀分析。对通胀影响研究得越透彻，企业的应对策略就越奏效。董事会要鼓励管理层拓展思路，深入思考。比如，通胀对产业价值链会产生哪些影响？为应对这些影响，企业应制订哪些计划？通胀来袭，对各家企业的冲击都不尽相同。因此，企业需要结合实际，分析思考通胀对整个生态体系各个环节的不同影响。有的环节受冲击程度会更大一些，有的则会小一些。那么贵司会是什么情况呢？

五是资本支出。资源有限，投资也得收紧。董事会应与管理层合作，重构资源配置的框架及原则，包括砍掉某个项目的预算，转投到更重要的战略举措之中。董事会要帮助一把手做好权衡取舍，既要考虑股东的长远利益，比如可持续发展等，又要对能穿越通胀、支撑经营的项目给予足够的重视。

六是薪酬调整。制定一把手及高管的薪酬激励机制，这既重要又复杂，尤其是在经济增速放缓、通胀高企导致货币实际价值波动的大背景下。通常而言，在高管3~5年的薪酬总包中，固定部分占比25%，变动部分占比75%。这是习以为常的惯例，但如今也应顺应时局，果断调整。

董事会薪酬委员会还要认真研读财务报表，不能光看账面价值，还要根据通胀幅度进行调整，从实际价值的角度进行分析。唯有这样，才能剔除通胀带来的业绩虚高，更准确地判断管理层的价值创造。

在高度不确定的宏观大势下,比如通胀高企及可能随之而来的经济衰退,董事会在为管理层制定中长期业绩目标时,很难锚定某个量化数值。不妨参考咨询公司Pay Governance的发现,像某些企业一样,适当放宽目标区间,或者缩短考核激励周期。

除了定量目标,还可以考虑定性目标。比如,管理层是如何达成业绩目标的,具体采取了哪些举措,是否做出了正确的权衡取舍,有没有为了短期利益而牺牲长期利益?董事会应邀请一把手及财务负责人参与讨论。这样的讨论会令各方受益。

七是业务模式。改变产品组合、调整目标客群,或选择退出某个细分领域,很可能意味着对业务模式的调整与刷新。董事会要充分认识到,变局之下,企业的经营战略和业务模式也应更加灵活、更加高频地迭代优化。对此,董事会每年至少应讨论3次,要请管理层定期分享行业洞察,分析哪些业务领域可能会大幅下滑,哪些可能会有意外之喜。无论短期内如何波动,都要聚焦长远,思考如何在后通胀、后衰退时代,以更强的实力占得先机。

八是帮助一把手。近年来,董事会除了监督管理层及确保合规,已开始更为积极地帮助一把手。董事大都阅历丰富,人脉广泛,对全球各个领域及地区都有接触,很可能对某个特定行业或国家的通胀情况及不同企业的应对水平了如指掌,很可能一眼看透常人无法看透的潜在因素。他们的真知灼见,能帮助企业更早地识别预警信号,帮助一把手更好地未雨绸缪、更快地调整业务、更准地把握机会。变局之下,更早地识别预警信号,可能事关生死。

> **董事会的重点工作清单**
> - 鞭策管理层快速积极行动
> - 帮助一把手突破瓶颈
> - 重构资源配置的框架及原则
> - 重新制定高管薪酬激励机制

结　语

企业成败，关键在人。企业成败，关键在领导人。新的时代，新的挑战，愿你能挺身而出。

希望本书能帮你做好准备，让你面对挑战，更有勇气与智慧。书里的这些思路和方法，不仅能帮你穿越通胀，未来还能帮你从容应对其他变化。要记住，危中有机，要做好全体总动员，力争把变化变为优势，还要持续为客户、股东及其他利益相关方创造新的价值。无论多艰难，都不要抱怨拿到的牌不好，把手里的牌打好才是本事。

唯有这样，你才能带领企业穿越通胀，应对周期；待到局势稳定、经济复苏时，才能乘势而上，制胜未来。

致　谢

　　首先，要感谢那些身处穿越通胀一线的全球卓越企业家。感谢他们在百忙之中抽出时间，与我们坦诚分享自己面对通胀的困难挑战、经验教训及真知灼见。正是因为他们的勇气和智慧，本书才极具实战意义，特别值得大家学习。DK.阿加瓦尔、罗伯托·贝蒂尼、丹尼斯·凯瑞、艾尔伯特·赵、詹姆斯·赵、约翰·赵、约翰·奇明斯基、戴夫·弗利特曼、大卫·科勒、哈施·马里瓦拉、巴尔拉姆·梅塔、拉吉·拉特内卡和苏达香·韦努，谢谢你们。

　　接着，要感谢亚当·艾克特及其团队带我们领略定价的奥秘。定价是穿越通胀的重要手段，相信他们的洞见与经验会令大家受益良多。

　　还要特别感谢《首席执行官》杂志的各位同仁，他们是本书的缘起。最初，我们撰写了穿越通胀的专题文章，着重阐述了面向企业的实战攻略。该文章的责编是丹·比格曼，他同时也担任《首席执行官》传媒集团的首席内容官。他不仅刊发了这篇文章，还策划了系列培训研讨，并鼓励我们撰写本书，以更为详尽、更加深入的方式帮助更多的企业和企业家。谢谢丹、该集团执行主席韦恩·库珀及首席执行官马歇尔·库珀的鼓励与支持。谢谢乔夫·科尔文和比尔·海斯的支持与帮助。

每一本书都是集体智慧的结晶，感谢每位在成书过程中有所贡献的朋友：罗伊·阿布多、罗希特·巴尔加瓦、辛西娅·伯尔、马克·福蒂埃、杰弗里·甘茨、约翰·乔伊斯、席琳·库里、丽莎·劳伯特和肖恩·马西娜。

最后，要感谢那些正在带领团队与通胀奋战的企业领导人。谢谢你们勇于直面艰险，始终保持乐观与坚韧。你们的实践与探索，为我们照亮了前进的方向。